Nota a los lectores: esta publicación contiene las opiniones e idees de su autor. Su intención es ofrecer material útil e informativo sobre el tema tratado. Las estrategias señaladas en este libro pueden no ser apropiadas para todos los individuos y no se garantiza que produzca ningún resultado en particular. Este libro se vende bajo el supuesto de que ni el autor ni el editor ni la imprenta se dedican a prestar asesoría o servicios profesionales legales, financieros, de contaduría, psicología u otros. El lector deberá consultar a un profesional capacitado antes de adoptar las sugerencias de este libro o sacar conclusiones de él. No se da ninguna garantía respecto a la precisión o integridad de la información o referencias incluidas aquí, y tanto el autor como el editor y la imprenta y todas las partes implicadas en el diseño de portada y distribución, niegan específicamente cualquier responsabilidad por obligaciones, pérdidas o riesgos personales o de otro tipo, en que se incurra como consecuencia, directa o indirecta, del uso y aplicación de cualquier contenido del libro.

DESÉALO HOY VÍVELO MAÑANA
Primera Edición Septiembre 2018
© Esther Sanz Mensión
Autoedición y Diseño Esther Sanz Mensión
46546693Y
ISBN 978-84-09-00929-9

desealohoy@gmail.com

La publicación de esta obra puede estar sujeta a futuras correcciones y ampliaciones por parte del autor, así como son de su responsabilidad las opiniones que en ella se exponen.

Quedan prohibidas, dentro de los límites establecidos por la ley y bajo las prevenciones legalmente previstas, la reproducción total o parcial de esta obra en cualquier medio o procedimiento, ya sea electrónico o mecánico, el tratamiento informático, el alquiler o cualquier forma de cesión de la obra sin autorización escrita de los titulares del copyright.

Deséalo HOY Vívelo mañana

Conoce lo que nunca te enseñaron para disfrutar de tu vida plenamente

ESTHER SANZ MENSIÓN

*Dedicado a todos aquellos
que deseen encontrar respuestas para
que su camino sea más fácil.*

¡Te deseo un feliz viaje!

Indice

1. Reprográmate para el éxito en tu vida *21*
2. Reconcíliate contigo mismo *33*
3. Deséalo hoy, vívelo mañana *45*
4. La mente *55*
5. El miedo *65*
6. La Ley de la Atracción *71*
7. Las emociones *83*
8. Vibraciones y energía *93*
9. Responsabilízate de tu vida *101*
10. La vida es un viaje *107*
11. Tu mundo es un espejo *115*
12. El arte de la manifestación.. *123*
13. Consigue tu zanahoria *129*
14. Cuerpo o mente *137*
15. El sol sale para todos *155*
16. Aprende del niño que fuiste *173*
17. De aprendiz a experto *179*
18. Los tres estados evolutivos del conocimiento *185*
19. Valora lo que tienes en tu vida *191*
20. Personajes famosos que cultivan su interior................. *199*
21. Guía práctica de los principios del libro *209*
22. Análisis y reflexion final.. *213*

¿Qué opinan de este libro las personas que lo han leido?

Emma Sancho (Barcelona, España)
"Este libro te remueve por dentro, te hace reaccionar y tomar consciencia de lo que realmente deseas en tu vida. Te planteas si el camino que estas siguiendo en estos momentos es realmente el que quieres seguir y hacia dónde quieres ir. Sinceramente, me ha encantado este libro, porque con un lenguaje muy cercano me ha hecho reflexionar sobre mi vida en general".

Nieves Franco (Madrid, España)
"Con increíble sencillez y tranquilidad, Esther te lleva de la mano por el laberinto de las leyes del universo, para que alcances la salida, tus sueños. Hazte un regalo a ti mismo y lee el libro".

Carla Urrutia (Barcelona, España)
"El libro me ha resultado muy inspirador, comparto totalmente la idea de que el primer cambio que debemos hacer es en nosotros mismos. Me parece un gran trabajo, cada uno de sus capítulos, cada frase, es una enseñanza. Gracias Esther, estoy segura de que este libro me acompañará durante mucho tiempo".

Remei Socias (Barcelona, España)
"Es un libro que te aproxima al autoconocimiento de una forma muy sencilla y amena. Te proporciona los conocimientos y herramientas necesarios para superarte a ti mismo y convertirte en tu mejor versión.

Annie Tarray (Barcelona, España)
Autora del libro: "Los regalos de la vida"
"Esther, explica de forma sencilla como funcionan las leyes del universo para poderlas aplicar en tu día a día, lo hace a través de sus propias experiencias. El libro es muy ameno, fácil, tanto de leer como de entender, considero que es una muy buena herramienta".

Maider Inclán (Bilbao, España)
Autora de la trilogía: "Los Secretos de las Relaciones Extraordinarias".
"Deséalo hoy, vívelo mañana", ¡es un libro ameno y escrito en un lenguaje cercano, que renueva las ganas de ir a por todas! ¡Gracias Esther por escribirlo!

Cristina Corral (Múnich, Alemania)
Autora de: "La magia en ti".
"Con un lenguaje sencillo, cercano y fresco "Deséalo hoy, vívelo mañana", te lleva de la mano, para mostrarte una nueva manera de dibujar el camino hacia tus sueños".

¿Quién escribe este libro?

Hola soy Esther,

Soy licenciada en psicología, me apasionan todos aquellos temas relacionados con el crecimiento personal, mi verdadero propósito en la vida es ayudar a los demás a mejorar sus vidas.

Me ilusiona mucho escribir este libro basado en mi propia experiencia y en lo que he aprendido tanto de forma autodidacta, como a través de eventos y seminarios de crecimiento personal.

Hubo un momento en mi vida en el que necesitaba encontrar respuestas, nadie de mi alrededor me las podía dar. Era necesario encontrarlas para poder continuar, me sentía confusa, bloqueada, perdida…

Empecé a leer libros y libros y más libros… gracias a eso mi vida cambió de la noche a la mañana.

¿Por qué he escrito este libro?

Los libros de crecimiento personal me han ayudado muchísimo, pero también es cierto que algunos de estos libros son difíciles de comprender y asimilar , sobre todo cuando te inicias en estos temas.

Cuando empecé a leer estos libros, me dije a mi misma, que, si la aplicación de sus conocimientos me proporcionaba buenos resultados en mi vida, escribiría un libro para compartirlos con todo el mundo.

Me siento afortunada de conocer estos principios y de aplicarlos cada día a mi vida. Así que quiero compartirlos contigo de la manera más llana y sencilla posible, para que tu vida sea más fácil y feliz.

¿Por qué deberías tú leer este libro?

Si tu objetivo es conocer las bases del crecimiento personal de una forma sencilla y fácil de comprender, este es tu libro, en él encontrarás los principios básicos que debes conocer para entenderte a ti mismo, a los demás y a la vida en general. Este conocimiento hará que tu vida sea más fácil.

Todos los niños desde pequeñitos tendrían que aprender estos principios, para llegar a ser adultos realizados, satisfechos y felices.

Según mi opinión, estos conocimientos deberían de ser una asignatura obligatoria en la enseñanza escolar de cualquier persona. Antes que aprender a ser médico, abogado, dentista, arquitecto, economista… Tienes que conocerte a ti mismo, aceptarte y saber lidiar con los retos que la vida te plantea a diario. Es un conocimiento imprescindible para avanzar en la vida, por suerte, cada vez son más las personas que sienten inquietud por aprenderlo.

De Esther para ti...

Soy una persona corriente igual que tú, con mis dudas, mis retos diarios, mis días mejores y mis días peores.

Aunque ciertamente, desde que dispongo de estos conocimientos y sobre todo, desde que los pongo en práctica, tengo muchos más días buenos que malos, mis inseguridades y miedos han casi desaparecido. Ahora siento que soy otra persona, ya no soy la misma que era antes.

De todas formas, mi aprendizaje continúa cada día, nunca sabemos demasiado, siempre hay algo nuevo que aprender para mejorar nuestras vidas.

Así que, aunque puedo transmitirte muy bien los conocimientos que he adquirido hasta el momento y como los aplico en mi vida, yo continúo aprendiendo cada día y superando mis retos diarios como todo el mundo.

Según mi opinión, lo importante es que he puesto en práctica estos conocimientos en mi día a día, no me he quedado únicamente con la lectura de los libros y su conocimiento teórico.

Así pues, te puedo asegurar que:

¡Si me han funcionado bien a mí, también te funcionarán a ti!

 Te animo a que te quedes conmigo y leas este libro que estoy segurísima de que te va a encantar.

¡¡¡¡¡¡¡¡¡¡Un abrazo!!!!!!!!!!

Agradecimientos

Mi ilusión era escribir un libro ameno y cercano que transmitiera los principios y leyes que rigen nuestro Universo.

Ser conocedor de estos principios te convierte en un privilegiado, y si además de conocedor eres "hacedor" serás y conseguirás todo aquello que te propongas y desees en tu vida.

El libro ya está escrito y mi sueño cumplido.

Ahora quiero reconocer y agradecer públicamente a todas aquellas personas que me han apoyado, para que este libro no fuera solo un sueño, sino que se convirtiera en realidad.

Mis padres, los mejores padres del mundo, dicen, que somos nosotros quienes los elegimos antes de emprender nuestro viaje de la vida, en ese caso, yo no pude hacer mejor elección. Su apoyo y amor constante a lo largo de mi vida han hecho de mí, una persona feliz, con ilusiones y con ganas de emprender constantemente nuevos retos en mi vida. Los quiero muchísimo, nunca les podré agradecer todo lo que han hecho por mí y el amor incondicional que me han profesado.

Me siento afortunada, de poder hacer público este mensaje, para que quede escrito para la posteridad.

¡Papá, mamá os quiero, os adoro, hasta el infinito y más allá!!!!

Mi hermana pequeña, sé que ha tenido que lidiar durante muchos años, con una hermana mayor, en ocasiones un poco fastidiosa y que a menudo le complicaba la existencia. Gracias por tu paciencia durante todos estos años y por apoyarme en mis proyectos.

¡¡¡Te quiero hermana!!!

Mi marido, siempre está a mi lado, apoyándome de forma activa en todos los proyectos que emprendo, lejos de intentar disuadirme, con su serenidad, me aporta todo su apoyo y ayuda para que siga adelante. Es mi equilibrio, cuando el entusiasmo se apodera de mí, provocando que en ocasiones pueda ser poco reflexiva a la hora de tomar decisiones, allí está él, barajando todas las posibilidades y manteniendo su mente fría para darme su mejor versión. Formamos un buen equipo desde hace ya más de veinte años, me conoce bien, sabe que conmigo nunca se aburre, siempre hay un reto nuevo que emprender, decisiones que tomar, posibles riesgos a valorar. Su paciencia equilibra mi impaciencia, le quiero agradecer todos esos momentos de apoyo incondicional. Así como también, que haya permanecido a mi lado durante todos estos años.

Mis hijos, mi mayor alegría, siempre deseé ser madre, aunque el inicio de esta etapa de mi vida no fuera fácil, al final lo logré y ahora tengo una "parejita" de hijos guapísimos y mejores personas, de los que me siento muy orgullosa. Ellos también han leído mi libro, dándome su punto de vista, su ayuda tecnológica y sus aportaciones. Sois mi "porqué" en esta vida, quiero dejaros el mejor legado que me sea posible, para que disfrutéis de una vida llena de felicidad y abundancia.

¡¡¡¡¡¡¡¡Os quiero a los tres, hasta el infinito y más allá!!!!!!!!!

También, quiero agradecer a todas aquellas personas que han leído mi libro antes de publicarlo para prestarme su ayuda, dándome su opinión más sincera.

Finalmente, quiero también agradecer a Laín, mi mentor, que apareciera en mi vida para dar forma a mis sueños y convertirlos en realidad. Este libro que tienes en tus manos nunca habría podido salir a luz sin sus conocimientos y su generosidad. Laín, gracias por estar ahí, por ser quién eres, por esforzarte en dar a conocer tu sabiduría al mundo y permitir que también otros podamos crecer y dar a los demás lo mejor de nosotros mismos.

Gracias a todos, por ayudarme a crecer con vuestras aportaciones y así convertirme en una versión mejorada de mí misma.

Gracias a todos, de todo corazón, por formar parte de mi viaje.

Esther Sanz

Prólogo de Laín García Calvo

Dicen que cuando no encuentras el libro que te gustaría leer, entonces tienes que escribirlo.

Esto es lo que ha hecho Esther.

Cuando tenía 14 años me diagnosticaron síndrome de fatiga crónica y fibromialgia. Era nadador de élite, entrenaba para competir a nivel internacional, pero de pronto el médico me dijo que no podría volver a nadar nunca más.

En ese momento no entendí nada, pero no me rendí. Como estaba todo el día en casa, perdí el curso escolar y amigos, no dejé de leer libros de desarrollo personal y espiritualidad.

¡Eso realmente transformó mi mente!

Tomé la decisión de que ninguna condición podría con mi intención, así que iba a ser campeón de España e iba a trabajar para lograrlo, a pesar de los informes, las estadísticas y lo que los expertos decían.

Empecé a entrenar, y también empecé a entrenar mi mente. Aplicando todos los principios que leía, me visualizaba todos los días con el éxito que quería lograr.

No solamente hacía eso cuando estaba tumbado en la cama, sino que lo hacía a todas horas. Una y otra vez. Incluso mientras entrenaba me imaginaba a mí mismo subiendo al podium.

Un año y medio después mi sueño se cumplió. Quedé doble campeón de España y cuando bajé del podium al recoger la medalla, un amigo me preguntó si había estado nervioso.

Le miré y le dije:

-¿Nervioso?, lo había visto tantas veces en mi mente que para mí fue solo una más.

Estos mismos principios aplicó Esther y ahora comparte generosamente contigo en el libro que tienes en tus manos.

Si estas páginas han llegado a tu vida es porque ya estás preparado, por lo tanto, aprovéchalos.

Tú sí puedes, ¡y lo harás!

Te amo.

LAIN, autor de LA VOZ DE TU ALMA

www.lavozdetualma.com

1
Reprográmate para el éxito en tu vida
Introducción

No estamos destinados, estamos programados.
Lain García Calvo

El objetivo de este libro es ayudar de forma fácil y sencilla, a todas aquellas personas que precisen encontrar respuestas, para mejorar sus vidas en general.

Mi intención es la de transmitir los principios que yo misma he aprendido, leyendo libros, asistiendo a cursos, eventos y seminarios.

Quiero demostrar con mi propia experiencia, que estos principios funcionan, que son leyes universales y que todo aquel que las aplica obtiene resultados rápidamente.

Antes de continuar *QUIERO FELICITARTE POR ESTAR AQUÍ*, porque significa, que realmente quieres aprender, quieres dar un paso más en tu vida, deseas progresar, esta es una buena manera de conseguirlo, convirtiéndote en autodidacta.

Así que **FELICIDADES** de nuevo por tomar acción, y adquirir este libro que sin duda alguna te va a ayudar, puesto que lo escribo desde el corazón. Mi objetivo es ayudar a quienes quieran ser ayudados y compartir con ellos, los principios fundamentales del crecimiento personal, que tan bien han funcionado en mi vida.

También quiero que sepas, que eres una persona *AFORTUNADA*, porque has reaccionado, tu intuición te dice que hay "algo" más que necesitas saber para mejorar tu calidad de vida.

Mucha gente no reacciona nunca, ya sea por el miedo a los cambios que eso les pueda ocasionar, por pereza, o simplemente porque ni se les pasa por la cabeza, pensar que ellos pueden hacer algo diferente de lo que están haciendo actualmente, para cambiar su situación. Simplemente continúan con su inercia de vida. Eso, la verdad, me entristece mucho, porque cuando yo estaba en esa misma situación, sufría innecesariamente, era víctima del desconocimiento como la mayoría de personas.

A menudo, solo necesitas mejorar algún aspecto de tu vida, aunque cuando conozcas los principios, los aplicarás en todas las facetas de tu vida, en consecuencia, percibirás los cambios positivos en todas las áreas de tu vida.

Así pues, eres **AFORTUNADO** por haber reaccionado, por estar aquí leyendo este libro.

Solo este tipo de personas pueden ser ayudadas a mejorar sus vidas, las que están predispuestas a aprender y a hacer un cambio de estrategia en sus mentes.

El resto seguirán con su misma inercia de vida, quejándose por sus carencias y creyendo que los resultados que obtienen en sus vidas son únicamente fruto del destino. En resumen, perdiendo un tiempo de su vida muy valioso, que nunca más recuperaran hasta que decidan reaccionar, hacer algo diferente de lo que están haciendo ahora. También cabe la posibilidad de que no reaccionen nunca, a veces para hacerlo, necesitan que la vida los sacuda fuerte, que les duela tanto, que deban reaccionar para sobrevivir, puesto que sí no, por si mismos, no lo hacen.

La situación ideal es aquella en que la necesidad de cambiar surge por decisión propia, no por imposición de la situación.

También es cierto que sea como sea, esa decisión es totalmente personal. Solo tú, puedes elegir, si quieres conocer dicha información y ponerla en práctica o no. Nadie más lo podrá hacer por ti, por mucho que nos duela verte sufrir.

Estoy segura, de que, en pocos años y al ritmo que evoluciona la humanidad, estos conocimientos que ahora poca gente valora, o tiene en cuenta, serán de obligado cumplimiento en los colegios. Será una asignatura básica para enseñar a los más pequeños a manejar sus mentes y así poder obtener lo mejor de ellos mismos.

¿De qué sirve tener una carrera universitaria, con los mejores conocimientos sobre una materia determinada, si después no sabes cómo gestionar tus propios fantasmas?

Únicamente aquellas personas que son visionarias, es decir, que tienen una mente despierta y curiosa, intuyen que existen unos conocimientos que necesitan aprender para aplicar a sus vidas y que estas sean más fáciles.

¿Te has preguntado alguna vez?

¿Cómo puede ser que haya personas que sean inmensamente afortunadas, que siempre tienen "suerte" en aquello que deciden emprender, ya sean, sus negocios, su vida personal, sus hijos, su economía…? ¿Y otras tan desafortunadas, que nunca levantan cabeza, nunca consiguen que nada les salga bien y encima tienen problemas de todo tipo, económicos, de salud o en sus relaciones?

La diferencia entre estos dos tipos de personas es su **PROGRAMACIÓN INTERNA**.

Así que te animo a formar parte del equipo de los visionarios, los que van por delante del resto, abriendo camino y mostrando a los demás con su ejemplo, que ese es el camino más fácil para sus vidas.

Te voy a contar un secreto:

Para conseguir la vida que deseas, solo necesitas ser plenamente consciente, tener el conocimiento adecuado y aplicar algunos cambios en tu día a día.

En realidad, es muy fácil. Entonces, me dirás: ¿Y por qué la gente no lo aplica en sus vidas?

Pues porque les da pereza, o son escépticos, consideran que no necesitan aprender nada nuevo, ni leer, creen que ya saben todo lo que necesitan, no tienen ningún tipo de curiosidad, ni interés por mejorar sus vidas.

Y en realidad, lo único cierto de todo, es que no quieren salir de su zona de confort, porque les da seguridad, es la única zona que conocen.

Solo tienes que observar los resultados que tiene la gente en su vida y observar como actúan, como piensan, qué es lo que dicen, como interactúan con los demás.

¿Te suena?: *"Por sus frutos los conoceréis"*.

Te animo a que lo hagas, es decir, a que te conviertas en un observador activo de tu entorno diario.

Verás que fácil, entenderás el porqué, a las personas les va en la vida de una manera o de otra. Como te he dicho, estos principios son muy fáciles de aplicar, pero requieren de *esfuerzo, compromiso y voluntad*.

La mayoría de la gente no está dispuesta a todo esto, prefieren continuar con el mismo tipo de vida que ya tienen, aunque no se sientan plenos con ella.

Te voy a poner un ejemplo, si alguien decide adelgazar y quiere hacerlo con éxito.

¿Qué debería de hacer?

Para empezar, tener **el objetivo** muy claro en su mente de que realmente quiere adelgazar por encima de todo.

Deberá superar sus propias **resistencias**, para no caer en la tentación de abrir la nevera cuando tenga hambre.

Tendrá, por tanto, que ser **constante, tener voluntad y esforzarse** para conseguir su objetivo día a día.

Deberá realizar algún tipo de ejercicio físico, aun cuando tenga pereza, tendrá que ser además **disciplinado** a la hora de realizarlo si quiere conseguir su objetivo. Tendrá que estar **comprometido mentalmente** al máximo con su objetivo, antes de empezar con la dieta si quiere tener éxito.

Todo lo que vale la pena en esta vida y lo que nos hace sentir bien con nosotros mismos requiere de **ESFUERZO, VOLUNTAD y PERSEVERANCIA**. Eso nadie podrá hacerlo por ti.

Tienes que pagar el precio de aquello que quieres conseguir, la vida cómoda pero insatisfactoria te cuesta poco esfuerzo, pero la vida próspera que tú deseas requiere de esfuerzo, voluntad y perseverancia por tu parte.

ESTO ES MUY IMPORTANTE, ES LA CLAVE DE TU ÉXITO, EN CUALQUIER FACETA DE TU VIDA.

Este es el principal motivo, que explica por qué unos consiguen sus objetivos en la vida y otros no.

En este libro te voy a explicar todos estos principios de una forma sencilla, aplicados a mi propia experiencia personal para que puedas comprobar que funcionan.

Si me lo permites, en este libro me voy a mostrar ante ti, como nunca antes lo he hecho.

Te voy a explicar vivencias, de mi propia experiencia personal, que mucha gente de mi entorno desconoce.

No ha sido fácil, tomar la decisión de desvelarlas públicamente a través de este libro, ya que algunas de ellas, para mí han sido vivencias traumáticas, han supuesto retos dolorosos, que he tenido que superar en la vida para progresar.

Pero también creo que la manera más fácil de que compruebes que los principios funcionan, es que comprendas que lo que te relato en este libro, no es una historia de ficción, sino una realidad.

Así que, a ti también te voy a pedir un primer y muy importante esfuerzo, ya que es la clave para que obtengas resultados tangibles con la lectura del libro. Te pido, que desde este mismo momento abras tu mente para poder comprender dichos principios.

En ocasiones, puede que te parezcan extraños, probablemente tu mente los rechazará, porque la estás llevando a un plano diferente del habitual, si eso te ocurre en algún momento de la lectura, acuérdate de lo siguiente:

"Si quieres cambiar tu vida, primero tienes que cambiar tu mismo, tu forma de pensar, de hacer, de hablar, en definitiva, tu forma de ser actual, para mejorarla y convertirte en la mejor versión de ti mismo".

Te tienes que comprometer con tu objetivo a las duras y a las maduras.

Es decir, te puedes tomar la lectura de este libro como un mero entretenimiento, o puedes esforzarte en comprenderlo y aplicar sus principios en tu vida.

Pregúntate a ti mismo:

¿Qué prefieres?

¿Buscar soluciones y en consecuencia hacer cosas diferentes, o continuar haciendo lo mismo que haces siempre y que inevitablemente te llevará a los mismos resultados que estás teniendo ahora y que no te satisfacen?

Volvamos al ejemplo de antes, si al tercer día de empezar tu dieta, te vas a la nevera cuando te entra hambre y te pegas un atracón.

¿Qué habrás conseguido?

Alejarte de tu objetivo final, desanimarte, sentirte mal contigo mismo, dudar de tu propia capacidad y además haber perdido el tiempo y el dinero.

De nuevo, tendrás que decidir si retomas tu objetivo, esta vez con más perseverancia y voluntad, o si por el contrario ya te das por vencido, y decides que tu vida continúe como hasta ahora, ya que, aunque no te sientes del todo bien, a corto plazo es más **CÓMODO**.

¿Acaso piensas, que aplicar estos principios en tu día a día, te puede perjudicar en algo?

Tú ya sabes la respuesta:

¡Claramente NO!!!!!!!

Pues entonces:

¡Pruébalo!!!!

Por extraño que te pueda parecer al principio, no tienes nada que perder.

Como mucho, si no te funciona, te quedarás igual a ¡cómo estás ahora!

¿Y si resulta que funciona y por no probarlo, te lo pierdes?

Deja de perder constantemente las oportunidades que te pueden ayudar a mejorar tu vida.

No es ninguna casualidad que estés leyendo este libro en estos momentos. En realidad, las "casualidades" no existen, todo sucede por algún motivo, y si este libro ahora mismo está en tus manos también es por algo.

Además, sabemos que todas las personas de éxito aplican estos principios, ya sea de forma innata o adquirida, incluso muchas de ellas, trabajan a diario en sus mentalidades según estos conocimientos, para ser aún más exitosas en sus vidas en general.

El éxito para mí, tal y como yo lo entiendo, se basa en conseguir un estado personal que te permita vivir tranquilo, feliz y en paz contigo mismo. En mi opinión, las personas de éxito no son las más adineradas, o las que poseen mayor número de bienes materiales, sino aquellas que han conseguido ser realmente felices el mayor número de días a lo largo de sus vidas.

En este libro aprenderás los conocimientos que nadie te ha enseñado para conseguir maximizar tu bienestar personal.

Aprende a modelar a todos aquellos que ya estás viendo que obtienen los resultados que tú deseas en sus vidas, de una forma real y tangible.

En el libro, te mostraré algunos testimonios de personas famosas y conocidas por todos, que tienen las vidas más abundantes y plenas de este planeta, ellos mismos explican como utilizando estos principios y cambiando su mentalidad han conseguido alcanzar el éxito en todas las facetas de sus vidas.

Hay gente que sin conocer o estudiar estos principios conscientemente, son exitosos igualmente en sus vidas, porque los aplican de forma natural, forman parte de ellos, de su forma de ser.

Es igual, que el estudiante que solo leyendo sus apuntes una única vez, ya ha memorizado toda la lección, este estudiante tiene un don. Pero no todo el mundo tiene los mismos dones o facilidades en esta vida, así que, si no los tienes de forma natural, los tienes que adquirir.

Lo más común es que nadie nos haya enseñado estos conocimientos, ni como ponerlos en práctica en nuestras vidas, por ese motivo no todo el mundo es sensible a ellos, o cree que realmente le pueden ayudar a mejorar su calidad de vida en general.

Lo primero que te recomiendo que hagas, es una introspección, un análisis de tu vida, tómate tu tiempo, ve a un lugar tranquilo donde puedas estar solo y conversar contigo mismo.

Es hora de hacer balance de tu vida, y hacerte las siguientes preguntas:

¿Tengo lo que quiero en mi vida?

¿Me siento feliz?

¿Mi vida sigue el camino que yo quiero que siga?

¿Mi trabajo me gusta?

¿Gano el dinero suficiente que precisamos mi familia y yo para vivir cómodamente?

¿Me siento realizado?

¿Tengo la vida que había soñado tener en un pasado?

Respóndete a ti mismo con sinceridad, sin miedo, sin buscar excusas.

Si la respuesta que tú mismo te estás dando, te incomoda, es porque denota o predice la necesidad de cambios en tu vida, sé valiente, escúchate, date voz, no te calles otra vez. Necesitas avanzar.

Este será tu punto de inflexión otra vez, y, o te pones a ello, para buscar soluciones o sigues el mismo camino de siempre y con la misma inercia de vida que tienes ahora.

Una vez que obtengas una información clara a través de estas preguntas, piensa en todo aquello que crees que deberías cambiar en tu vida para tener la vida que siempre soñaste tener.

Trabaja en ti:

Obsérvate, analízate, escúchate y aplica cada día en todas las situaciones que ocurran en tu vida los principios que aquí aprenderás.

La clave eres tú, conforme hagas el esfuerzo de cambiar, obtendrás como por arte de magia todo aquello que deseas obtener en tu exterior.

Como es dentro, es fuera

"Como es dentro, es fuera":

Significa que como es en tu mente, es en tu mundo exterior, en tu realidad, en tu vida. Tu mundo exterior, es tu vida y esta refleja lo que tú sientes y eres en tu interior.

¿Has escuchado alguna vez, decir a alguien?

"La cara es el espejo del alma".

Significa que el aspecto del rostro que tienen las personas refleja como están estas personas internamente, como se sienten, si están sufriendo o si son felices. Si están felices sus rostros lo reflejan y si no lo están también.

Así que, deberás trabajar en tu interior lo antes posible, para que lo puedas ver reflejado en tu exterior, en tu vida, en forma de abundancia económica, en tus relaciones personales, en tu realización personal, en todo.

Tienes que **REPROGRAMARTE** de nuevo desde tu interior para provocar una transformación profunda en ti, a nivel de **pensamientos, creencias, conductas, verbalizaciones.**

Estamos PROGRAMADOS, no DESTINADOS.

Así pues, si quieres tener éxito en tu vida en general debes reprogramarte, reinventarte desde tu interior.

Lo que está claro, es que si quieres obtener resultados distintos a los que tienes ahora en tu vida, tienes que hacer cosas diferentes de las que estás haciendo en estos momentos. Mientras lo haces, no olvides nunca sentirte agradecido con lo que ya tienes en tu vida y valorarlo.

Tu objetivo es convertirte en tu mejor versión, cada día, poco a poco, con tu vida diaria, como una hormiguita, pronto detectarás cambios en tu vida.

Tú mismo podrás comprobar, que todo lo que te ocurre, lo estás provocando tú desde tu interior. Así tú mismo te animarás, porque verás que funciona, es como si hicieras magia.

Es normal que no lo creas, que te parezca extraño todo lo que te digo, por eso mismo te animo a que lo compruebes.

¿Qué puedes perder?

Volviendo al ejemplo anterior, si consigues seguir la dieta con constancia, te reconfortará ver como gracias a tus esfuerzos, poco a poco obtienes los resultados que deseas. Cada día al subir a la báscula verás que has perdido peso, tu esfuerzo mental, se verá reflejado en tu exterior y eso es lo que te animará a continuar y a conseguir tu objetivo final.

Te sentirás bien contigo mismo, por haberte superado y estar en el camino de conseguir tu objetivo, tu peso ideal. Te sentirás mejor, tu autoestima aumentará y todo ello se verá reflejado en tu mundo exterior.

A continuación, te anticipo de forma resumida, las ideas y conceptos que necesitas para **REPROGRAMARTE**.

A lo largo del libro, te los voy a explicar detenidamente, con todo tipo de detalles y con mis propias experiencias, para que los entiendas con facilidad y los empieces a aplicar en tu vida cuanto antes:

- Deja de sentirte víctima de las situaciones y responsabílizate.
- Reconcíliate contigo mismo. Cree en ti.
- No juzgues a los demás, ni permitas que los demás lo hagan de nadie en tu presencia.
- Elige conscientemente tus pensamientos y tus emociones.
- Mide tus palabras, lo que les dices a los demás, reflexiona antes de hacerlo.
- Sube tu vibración al máximo (siéntete feliz, esfuérzate en sentirte de ese modo el máximo tiempo posible).
- Visualiza aquello que deseas. El máximo tiempo posible.
- Enfócate en lo que SÍ quieres y no en lo que NO quieres.
- Tómate cada día un tiempo para ti mismo, para pensar, meditar.
- Sé agradecido con todo y con todos.
- Sé amable, trata a los demás igual que te gustaría que te trataran a ti.
- Sé coherente con tus pensamientos y tus acciones.
- Toma acción. Haz que las cosas que deseas ocurran en tu vida.
- Sé tú mismo. No te disfraces para agradar a los demás.
- Sé auténtico.
- Ten claros tus objetivos en cada momento. Ve a por ellos.
- Sé activo. Muévete.
- Nunca te rindas. Esfuérzate.
- Perdónate a ti mismo y a los demás.
- Ayuda en lo que puedas a los demás.

- Escucha tu voz interior, tu intuición.
- No permitas que nada, ni nadie, te impida avanzar hacia tus sueños. Hacia lo que tú sabes que debes hacer en tu vida.
- Confía en ti. Ten fe. Todo llegará.

¡¡¡¡¡¡¡¡Te deseo que tengas una feliz lectura, y mucho éxito!!!!!!!

2
Reconcíliate contigo mismo
Es hora de elevar tu autoestima al máximo nivel.

La peor soledad es no estar a gusto con uno mismo.
Mark Twain

Lo primero que vamos a hacer, es querernos y perdonarnos a nosotros mismos.

Para ello debemos quedarnos a solas con nuestro niño interior, es hora de escucharte a ti mismo, tener tiempo para ti, para saber qué quieres y hacia dónde quieres ir.

Te toca tener una cita contigo mismo, con tu alma, con tu niño interior, para conocerte mejor y reconciliarte con él. Le has dejado mucho tiempo solo, sin prestarle demasiada atención. Tus obligaciones y tareas diarias te alejan demasiado de él, debéis reencontraros y tener tiempo para vosotros.

Debes cuidar esa relación contigo mismo. Ya que es precisamente tu niño interior quién sabe lo que necesitas de verdad. Tienes que aprender a escucharle para no perderte, en realidad es tu guía. Después con el mismo cariño, empieza a aceptarte a ti mismo con tus dones y tus defectos. Mímate, recupera tu autoestima y si ya la tenías, elévala a lo más alto, que es dónde siempre ha debido de estar. Quiérete.

No seas tan duro contigo mismo.

Si en alguna ocasión has tomado decisiones de las que no te sientes orgulloso, aprende de esta situación, todo pasa por algo y luego perdónate. Necesitas equivocarte para aprender, eso forma parte del aprendizaje de la vida.

En realidad, equivocarse no es ningún problema, el único inconveniente que puede haber, es la manera en que tú mismo lo gestiones. Si lo tomas como un aprendizaje que te empuja hacia adelante, estás en el buen camino. Pero si lo que te sucedió te dejó bloqueado, y no te permite avanzar, debido a las culpabilizaciones y reproches que te haces a ti mismo, entonces tú mismo estás bloqueando tu propio camino.

Los acontecimientos traumáticos que nos suceden en la infancia nos suelen dejar marcados, afectando nuestra autoestima. Así pues, debemos sanarnos con la sabiduría y experiencia del adulto que somos ahora, para poder continuar nuestro camino sin que nada nos detenga.

Vamos a hacer ahora un ejercicio:

Piensa en aquello que te afectó cuando eras pequeño y que sabes que ha marcado tu vida, tu autoestima.

Tómate un tiempo para estar solo y tranquilo en un lugar sin ruidos en el que nadie te moleste.

Recuérdate a ti mismo de pequeñito, visualízate viviendo esas situaciones dolorosas que te marcaron, háblate, desde tu nueva perspectiva adulta, con tu madurez, tranquilízate, abrázate, explícate a ti mismo que todo pasará, que no estás solo y que sabes que todo irá bien.

Si lo haces correctamente y te tomas tu tiempo, no te extrañes si de repente te entran ganas de llorar, recordando esa situación y como te sentías en ese momento. Abraza a tu niño/a interior tranquilízale y dile que nunca más le dejarás solo.

Es importante que hagas este ejercicio. Así que si no lo has hecho todavía deja de leer. Quédate en un lugar tranquilo, apaga la luz y haz el ejercicio.

Yo de pequeña era una niña inquieta, eso provocaba que me costara mucho centrar la atención en las tareas escolares, por eso, en ese momento no era una buena estudiante, para mí era un sacrificio inmenso tener que sentarme y concentrarme en estudiar y memorizar materias, que sinceramente poco me importaban. También era muy sensible, así que las riñas o críticas sobre todo de un adulto me afectaban mucho.

Recuerdo, que en mi escuela había cierta educadora, que no podía soportar a los niños inquietos y "malos estudiantes", así que en sus clases se dedicaba a ridiculizarlos y a menospreciarlos.

Después con el tiempo y la madurez te das cuenta de que quien realmente tenía el problema, era esa profesora, que seguramente no trabajaba por vocación, sino por dinero y se dedicaba a ridiculizar y a humillar a los alumnos "poco aplicados", aquellos que la incomodaban y la hacían salir de su propia zona de confort.

Recuerdo que en ocasiones esta profesora acudía a la clase junto con otra compañera, y en vez de darnos la materia que tocaba, se dedicaban a realizar comentarios desafortunados de alguno de sus alumnos delante del resto de compañeros.

Era bastante común realizar comparaciones despectivas con algún familiar del alumno, que en otros momentos también hubiese cursado sus estudios en ese mismo centro, ya fuera un hermano, un primo, un tío… ridiculizándole y vaticinando el desafortunado futuro que le esperaba.

Los comentarios eran de este tipo: "Eres un fracasado", "eres un inútil", "eres una vergüenza", "no vas a hacer nada bueno en esta vida", "eres igual que tu hermano mayor, no tenéis solución, vaya cruz que tienen vuestros padres", "seréis unos desgraciados toda vuestra vida", "no podréis aspirar a nada" …

Realmente, te acababas creyendo que no servías para nada, que no podrías vivir la vida que soñabas, porque sencillamente no eras lo suficientemente bueno para ello. Creías que no eras merecedor de aquello que deseabas.

Algunos de nosotros, con mucho esfuerzo conseguimos vencer esas creencias limitantes que teníamos tan interiorizadas de nuestra infancia, pero otros no, por lo que esas creencias marcaron su futuro.

Así pues, estimado lector dependiendo de la época en la que naciste y estuviste escolarizado, puede que albergues en tu interior creencias limitantes de este tipo adquiridas a lo largo de tu infancia. Indaga acerca de ello:

¿Te ocurrió a ti también?, ¿viviste experiencias similares a lo largo de tu infancia?, ¿algún adulto te menosprecio y te hizo creer que no eras lo suficientemente bueno para conseguir todo aquello que desearas?, ¿en alguna ocasión te sentiste inferior al resto de tus compañeros?

Opino, que tanto en el pasado, como en el presente la profesión de educador solo la deberían de ejercer aquellas personas que desempeñaran su trabajo por vocación y no por obligación.

El futuro de los niños está en sus manos, los niños no tienen aún su carácter y su personalidad formados, lo que les hace vulnerables a las críticas de los mayores y más aún, si estas son transmitidas con emociones negativas, subidas de tono y en presencia de todos los compañeros de clase.

Sería una pena que, por culpa de esas creencias limitantes albergadas en el inconsciente, algunos niños de adultos, no llegasen a desarrollar todo su potencial.

Una educadora que trabaja por vocación sabe que no todos los niños tienen las mismas habilidades, ni los mismos tipos de inteligencia, su deber es ayudar a cada uno de ellos a desarrollar su potencial, no a menospreciar sus defectos o puntos débiles.

Este tipo de comportamiento por parte de nuestra educadora pudo hacernos mucho daño y condicionar de forma negativa nuestros futuros. Tanto el mío, como el de otros compañeros de clase. Puesto que, esa profesora con su actitud provocó en nosotros sentimientos de inferioridad y de baja autoestima.

Esos sentimientos repetidos a lo largo de los años acaban dejando huella en el interior, puesto que quedan almacenados, como creencias negativas inamovibles, lo que te puede llevar a "creer" que tú no eres merecedor de una vida de oportunidades y de abundancia.

Así pues, es importante reconciliarnos con nuestro niño interior, para superar esas situaciones que de pequeños nos afectaron, y que todavía sin que muchas veces seamos conscientes de ello, en la actualidad, nos continúan afectando a la hora de conseguir nuestros objetivos en la vida.

Esas situaciones dolorosas de alto impacto emocional provocan en nosotros creencias erróneas, que quedan grabadas en nuestro inconsciente, por repetición de la vivencia.

Nuestra parte consciente, como mecanismo de defensa, para que podamos dejar de sufrir con esa situación dolorosa, actúa como si esa experiencia se hubiese borrado, de hecho, en muchas ocasiones, ni tan siquiera recordamos haber vivido esa situación de forma consciente.

Lo que sucede en realidad, es que esa información ha quedado grabada como creencia limitante en nuestro inconsciente, funcionando en modo automático, de tal manera, que nos afecta de nuevo en otras situaciones similares que vivimos relacionadas con la creencia que tenemos almacenada, pero nosotros no lo sabemos, no somos conscientes de ello.

Puede que, aunque tú conscientemente te esfuerces por conseguir alguna meta, nunca logres alcanzar el objetivo. Si eso te sucede, lo más probable es que tengas que indagar en tu infancia, como te he enseñado, para que tu inconsciente borre esa creencia limitante errónea que tiene grabada en el disco duro, en la parte automática e inconsciente de la mente que responde con estímulos reflejos ante determinadas nuevas situaciones.

De ahí la importancia de tener tiempo para estar a solas contigo mismo y recuperar esos recuerdos dolorosos de tu infancia.

Otro ejemplo, si tienes creencias limitantes acerca del dinero, porque de pequeño tus padres pasaron por desafíos económicos y a ti eso te afectó, oíste comentarios negativos de tus padres acerca del dinero y viviste situaciones en las que ellos sufrían por dinero, comentarios como, por ejemplo:

"Hay que trabajar muy duro para conseguirlo, el dinero fácil es malo, la gente rica no tiene escrúpulos, el dinero es sucio".

Probablemente, se creó en tu inconsciente una creencia limitante errónea asociada al dinero y al dolor, por tanto, tu inconsciente nunca va a permitir que tengas abundancia económica, porque lo considera malo para ti.

Por mucho que tú hagas esfuerzos para conseguir dinero, este nunca estará plenamente en tu vida, y si lo está, será solo momentáneamente, después desaparecerá de nuevo. Tu inconsciente está programado para que no lo tengas, tu mente siempre te va a proteger de lo que ella cree que es malo para ti. Conscientemente tú no lo entenderás, verás que por mucho que te esfuerces en conseguirlo nunca llega a tu vida y eso es porque en realidad desde tu inconsciente lo estás alejando de tu vida. Por eso es tan importante reprogramarse.

Lo mismo sucede en el caso que os contaba anteriormente. Ya sabéis que algunos de mis compañeros de colegio que tuvieron a mí misma educadora de infancia quedaron afectados negativamente. Creyeron que no eran merecedores de un buen trabajo, de tener dinero, porque en sus mentes de niños alguien adulto y con autoridad (la educadora) se encargó de provocar repetidas escenas emocionales negativas a lo largo de los años. Esas vivencias de la infancia les crearon creencias limitantes negativas de autoestima sobre sí mismos.

Las creencias limitantes no siempre son adquiridas por la vivencia de alguna situación dolorosa de nuestra infancia, en ocasiones son herencia de nuestros antepasados, puesto que se transmiten de generación en generación, es decir, además de heredar tu color de pelo y de ojos o tu estatura, también heredas creencias. Por eso, si tú tienes la suerte de saber como eliminarlas en ti, lo harás también en tus hijos, incluso en tus padres y en tus hermanos.

Hay familias en las que los sucesos se repiten de generación en generación, por ejemplo: padecen el mismo tipo de dolencias, sufren crisis económicas, se divorcian de sus parejas, mantienen un sentimiento de autoestima bajo…

Si una misma vivencia le ha sucedido, por ejemplo, a la abuela, a la madre y a la hija, es porque han heredado esas mismas creencias erróneas de generación en generación. Hasta que no haya alguien de la familia que reaccione y aprenda a eliminar dicha creencia, esta continuará manifestándose en las próximas generaciones.

Es muy importante resolver nuestros conflictos internos, ya sean adquiridos o heredados, puesto que además de obstaculizar nuestro crecimiento personal, nos hacen sentir mal con nosotros mismos. Todas aquellas situaciones que no resuelves desde tu propio interior se van a ir repitiendo en tu vida, hasta que decidas enfrentarte a ellas y superarlas.

¿Os ha sucedido alguna vez a vosotros o a alguien de vuestro entorno, que situaciones parecidas se van repitiendo a lo largo de la vida?

Por ejemplo, hay mujeres que en sus relaciones sentimentales atraen constantemente a parejas que no las tratan como se merecen.

El problema no está en las parejas, si no en ellas mismas, hay creencias negativas en su interior respecto a ese tema. Hasta que ellas mismas no resuelvan internamente esas creencias erróneas, continuarán atrayendo a ese tipo de parejas a su vida. Revivirán esa situación constantemente.

No puedes huir de las situaciones que verdaderamente no te esfuerzas en superar, se van a ir repitiendo en tu vida hasta que decidas hacerlo.

Cada uno de nosotros venimos aquí para aprender, cada uno llegamos a esta vida con una serie dones y a la vez una serie de "defectos", que tenemos que superar para poder validar las pruebas o exámenes que nos plantea la vida.

En ti está el hacerlo o no, si no te esfuerzas en superarlo lo revivirás constantemente y no evolucionarás, te sentirás mal contigo mismo porque al no enfrentarte a las situaciones, es como no presentarte a los exámenes, vas suspendiendo y te vas quedando atrás, mientras ves como otros evolucionan, tú no lo haces, es entonces, cuando te sientes insatisfecho con tu vida.

Os voy a explicar un ejemplo basado en mi propia experiencia, en este caso podréis observar como mis propios miedos obstaculizaban mi camino constantemente incidiendo en mi autoestima, por no ser capaz de solucionarlo desde mi propio interior:

A mis catorce años, tuve un ataque epiléptico. Estaba en mi casa sola con mi madre. Fue muy duro, porque me quedé varios minutos inconsciente, mi madre se asustó muchísimo, durante unos instantes pensaba que me estaba muriendo.

Cuando las personas sufrimos este tipo de crisis, impresionamos mucho a los que están a nuestro alrededor, no sé si habéis visto alguna vez, a alguien mientras estaba sufriendo una crisis de este tipo, es muy aparatoso y desagradable visualmente.

Mis padres me llevaron al médico especialista, al neurólogo, dónde me realizaron las pruebas pertinentes para diagnosticar la enfermedad.

Nunca podré olvidar ese día de mi vida, el médico me dijo que había sufrido una crisis epiléptica. Me recomendó que tomara medicación, que no bebiera absolutamente nada de alcohol en ninguna circunstancia y que siguiera siempre los mismos horarios de sueño. Si no lo hacía así, me la jugaba a sufrir de nuevo otra crisis en cualquier momento.

Imagínate a los catorce años que te dicen todo esto, yo en esos momentos ya no estaba pasando por mi mejor adolescencia. Así que ese día al salir de la consulta del médico, recuerdo que había un parque muy grande, fuimos allí con mis padres, yo no podía dejar de llorar, nos sentamos los tres en un banco, ellos intentaban consolarme como podían.

En esos momentos me sentí la persona más desgraciada del mundo, porque me daba pánico que esa situación se pudiera repetir, sobre todo delante de mis amigos. Para asegurarme de que eso no me ocurriera, debía de hacer lo que el médico me había recomendado y eso quería decir, no salir por las noches, seguir los horarios del sueño a raja tabla, no beber nunca, y medicarme tres veces al día de por vida.

Me sentí como un bicho raro, además mi cuerpo adolescente en esos momentos no era el más atractivo del mundo, puesto que gané unos cuantos kilos y además tuve un acné muy fuerte en el rostro, mi cara estaba siempre llena de erupciones, y muy enrojecida. Con todo ese cúmulo de circunstancias ya podéis imaginar como me sentía, el mundo se me vino abajo.

Durante muchos años de mi vida mantuve en secreto que padecía esta enfermedad, porque me preocupaba que la gente me rechazara por ello.

De todos es sabido que los adolescentes y los niños por su propia inmadurez en ocasiones pueden llegar a ser muy crueles con sus propios compañeros.

El hecho es que, aunque tomara la medicación que el médico me había prescrito, como que me preocupaba que esas crisis se repitieran en mi vida, lo continuaron haciendo a lo largo de los años.

A los veintiocho años me quedé embarazada sin esperarlo, en esos momentos, ya llevaba seis años de noviazgo con mi actual pareja. Aunque fue una sorpresa, estuvimos muy contentos de conocer la noticia, así que adelantamos unos meses la boda que ya teníamos programada antes de conocer la noticia. Me casé feliz y embarazada casi de cinco meses.

Al regreso del viaje de novios, me hicieron la ecografía del quinto mes, fue en ese momento dónde vieron que mi hija tenía espina bífida severa. Los médicos me dijeron que seguramente la malformación fuera debida a la medicación que me tomaba.

Aunque yo y mi marido insistimos a los médicos que queríamos tener a nuestro bebé, prácticamente me obligaron a perderlo, ya que me dijeron que tendría poca esperanza de vida y que además sufriría mucho.

Podéis imaginaros lo culpable que me sentía y como tenía de nuevo mi autoestima en esos momentos.

Todo esto, os lo explico para que veáis que todos padecemos situaciones dolorosas asociadas a nuestras creencias y a nuestros miedos, podréis ver cómo hasta que yo no superé el miedo a padecer crisis, estas se fueron repitiendo a lo largo de mi vida, aun tomando la medicación y haciendo todo lo que el médico me decía, me tuvo que doler demasiado para dejar de considerarme víctima de las circunstancias y tomar el control de mi vida.

Así pues, al cabo de poco tiempo me quedé de nuevo embarazada, tuve a un niño precioso y al cabo de veintitrés meses tuve a otro bebé, mi hija, también saludable y guapísima.

Mientras mis hijos fueron bebés, no padecí ninguna crisis más, aunque siempre temía que me ocurrieran estando con ellos, continuaba teniendo auténtico pánico a que eso me sucediera de nuevo en cualquier momento.

El hecho es que de tanto pensarlo y tener miedo a que me ocurriera de nuevo en cualquier momento…

¿Qué creéis que acabó ocurriendo?

Un día yendo en el coche con mi hija, solo recuerdo aparcar el coche y sacar la llave del contacto, ya no recuerdo nada más.

De nuevo había vuelto a suceder, ese miedo, esa preocupación, esa situación que yo no quería en mi vida, había ocurrido una vez más. El hecho de ver que le podía haber ocasionado mucho daño a mi hija, provocó un cambio automático en mi interior.

Mi familia insistía en que fuera de nuevo al médico para que me cambiara la medicación, era repetir de nuevo, el mismo procedimiento que hacíamos cada vez que me ocurría. Pero en esta ocasión me opuse, le había perdido el miedo, de repente vi muy claro lo que no había visto hasta ese momento, vi que quien realmente me provocaba las crisis era yo misma, poniéndome al límite con mis problemas, miedos, preocupaciones y mis pensamientos negativos constantemente.

> Deja de sentirte víctima de las situaciones,
> para hacerte totalmente responsable de ellas.

Más adelante os explicaré que aquello en lo que te centras aparece en tu vida te guste o no, si lo piensas lo atraes. Así que cuidado, se consciente de lo que piensas, lo que dices y a qué le prestas atención en tu vida.

Desde ese momento, ahora ya hace más de quince años, nunca más he vuelto a padecer ninguna crisis y tampoco tomo ningún tipo de medicación.

Es increíble constatar que hasta que no tomé consciencia, y fui yo misma quien dijo basta, pero basta de verdad, creyéndomelo, estando segura de que yo misma podía controlar esas situaciones, no lo conseguí, las crisis se fueron repitiendo en mi vida.

Imaginaros cuanto tiempo perdido, cuanto sufrimiento, cuantas cosas que me perdí en esos años y que dejé de hacer.

 Por este mismo motivo, os lo quiero explicar, porque si a alguien de vosotros le ocurre algo similar, sea en el ámbito que sea de su vida, por favor, haceros responsables de vosotros mismos, de lo que sea que os ocurra cuanto antes, sois vosotros mismos y nadie más quienes lo estáis manifestando en vuestra realidad por prestarle demasiada atención y quienes lo atraéis a vuestra vida a través de vuestros propios pensamientos.

Para finalizar este primer capítulo de reconciliación con vosotros mismos y a modo de síntesis de todo lo que hemos visto en él, os recomiendo de nuevo, que, si todavía no lo habéis hecho, dejéis de leer y os sinceréis con vuestro niño interior, es el momento de buscar respuestas a través de vosotros mismos, reflexionar acerca de vuestras carencias actuales, es decir, aquello que más se os resiste en la vida: dinero, relaciones, trabajo, autoestima, salud, imagen, vitalidad… Es el momento de analizar vuestra infancia, para detectar si hay relación entre alguna vivencia traumática de vuestra infancia y vuestras carencias actuales.

Ha llegado el momento de hacer consciente, todo aquello que tienes almacenado en tu inconsciente en forma de creencia limitante, para así crecer como persona, sentirte mejor, obtener todo aquello que deseas en tu vida y que se te resiste únicamente por tu tipo de programación interna.

 **RECUERDA**

1. Recupera a tu niño interior para que te ayude a hacer conscientes aquellas vivencias dolorosas de tu infancia.
2. Detecta conscientemente cuáles son tus carencias actuales.
3. Averigua si existe algún tipo de relación entre tus carencias actuales y las posibles experiencias dolorosas que viviste en tu infancia.
4. Perdónate. No seas tan duro contigo mismo.

La solución que precisas está en tu propio interior.

¡Todo lo que precisas forma parte de ti, solo tienes que buscarlo en tu propio interior!!!!!!!!!!

3
Reconcíliate contigo mismo
Dale alas a tu imaginación.

Soy realista, espero milagros
Wayne Dyer

Todos, absolutamente todos y sin ninguna excepción, tenemos en nuestro interior un poder ilimitado.

Es nuestra IMAGINACIÓN.

No obstante, debemos hacer un buen uso de ella, es decir, la debemos utilizar como una herramienta para conseguir aquello que deseamos y no al contrario. A través de ella, podemos visualizar todo aquello que deseamos tener en nuestra vida, cuanto más real sea, mejor.

Imagínate situaciones, escenas, acontecimientos que desearías vivir en tu futuro, con todo lujo de detalles, de tal manera que percibas en tu interior esas mismas sensaciones, ese cosquilleo, que ya has sentido en otras ocasiones de tu vida, cuando aquello que has deseado, se ha manifestado en tu realidad. Eso sí, que es darle un uso inteligente a nuestro potencial interior.

Si, por el contrario, usamos nuestra imaginación, para visualizar preocupaciones, problemas, miedos, situaciones que no nos gustaría vivir jamás en nuestras vidas y además esas imágenes despiertan en nosotros sentimientos dolorosos. Le estaremos dando un mal uso, a nuestro propio poder interior.

> Imaginar en positivo: uso correcto.
> Imaginar en negativo: uso incorrecto.

Tu poder interior no discrimina, si aquello que visualizas, deseas que se manifieste en tu vida o no, simplemente obedece a su amo. Es como, si tu poder interior, fuera el genio de la lámpara mágica, y le pidieras deseos a través de tu imaginación.

De forma que, visualices lo que visualices a través de tu imaginación, el genio lo hará real y lo verás reflejado en tu mundo exterior.

No hay filtros, no hay elección, ni discriminación, solo obedece los deseos de su amo.

Por tanto, el único responsable de filtrar los pensamientos, la imaginación y la visualización es el amo, es decir, tú.

Recuerdo un chiste muy gracioso, el de una anciana que tenía un gato, un día la mujer le pidió a su propio duende de la lámpara mágica, a través de su propia imaginación, tres deseos:

- Quiero ser bella y joven.
- Quiero una cama de princesa.
- Quiero que mi gato se convierta en un príncipe apuesto.

Todos los deseos de la mujer se hicieron realidad, ella estaba exultante, hasta que se acordó que ya hacía un tiempo, había castrado a su gato.

Así que antes de hacer tus peticiones a tu propio genio mágico, piensa bien lo que le pides, porque su misión no es la de filtrar, sino la de obedecer tus peticiones al pie de la letra.

Otro punto que tienes que dominar, son los recuerdos de otras situaciones vividas en tu pasado. Es decir, si por ejemplo, en tus relaciones anteriores, tus parejas te han sido infieles. No temas y no pienses que eso pueda volver a ocurrir de nuevo, porque, si lo piensas, lo imaginas y lo visualizas, le estás pidiendo a tu duende que lo manifieste de nuevo en tu realidad.

Así que, busca la manera de borrar de tu mente esa información, para que no te afecte de nuevo, cambia tu patrón mental, para que cambie tu realidad, de lo contrario, esas escenas se irán repitiendo en tu vida de forma continuada.

Si es necesario, cuéntate a ti mismo, como fue y que situaciones viviste en una supuesta relación ideal de pareja que tuviste, hazlo convincente, repítetelo, las veces que haga falta, hasta que tú mismo creas que realmente has vivido esa relación maravillosa. Siente en tu cuerpo las mismas sensaciones y emociones que sentirías si esa relación hubiese sido real.

Tal y como dice mi mentor, Laín:

"Miéntete, hasta que sea real"

Ahora que ya sabes que tienes un poder interior ilimitado y creador. Aprende a utilizarlo para conseguir todo aquello que desees obtener en tu vida.

A menudo, nos parece extraña la idea de "mentirnos a nosotros mismos", lo entiendo, no es lo que estamos acostumbrados a hacer.

Recuerda que en capítulos anteriores ya te dije que cuando leyeras este libro, deberías tener una mente abierta, porque habría ideas que de entrada te parecerían extrañas, seguramente esta es una de ellas.

En realidad, el motivo de mentirte a ti mismo es para que dejes de centrarte en tu realidad actual, en lo que percibes a través de tus sentidos, de forma que dejes de experimentar las sensaciones negativas que tienes ahora con lo que percibes en tu realidad actual. La idea es que dejes de centrarte en la realidad que tienes hoy y que no deseas, para centrarte en la que sí deseas, aunque en esos momentos todavía no sea real. Si lo haces así, experimentarás emociones positivas que te ayudarán a atraer a tu vida aquello que deseas vivir.

> Miéntete a ti mismo, hasta que te sientas bien
> y tus emociones sean positivas.

Ya sé que no es fácil, pero es la manera de salir de una situación que se retroalimenta constantemente.

Es decir, si tú observas la realidad que tienes en estos momentos y esta no te agrada, sintiendo emociones negativas, como pueden ser: tristeza, abatimiento, enfado, irritación…, estás vibrando en una frecuencia muy baja y lo que atraes a tu vida es más de lo mismo que no deseas. Eres como un pez que se muerde la cola, siempre estás con lo mismo, estás en un círculo vicioso.

En cambio, si te centras, a través de tu imaginación, en aquello que realmente desearías vivir en tu vida, sintiendo las emociones positivas que esos pensamientos conllevan, empezarás a vibrar en una frecuencia alta, manifestando en tu vida aquello que sí deseas.

No puedes pretender que haya cambios en tu vida, si tu continúas haciendo lo mismo de siempre.

> Si deseas obtener resultados distintos,
> actúa de forma diferente.

¿Has sentido alguna vez, temor y miedo a perder algo que tienes ahora en tu vida?

Por ejemplo: A tu pareja, dinero, bienestar, comodidades, trabajo…

Ahora ya sabes que si algo de eso que tú no deseas aparece en tu realidad, tú habrás sido el único responsable de que eso haya ocurrido.

Entiendo que esta no es una reflexión fácil de asimilar, pero es así, en algún momento pasado de tu vida te preocupaste por ello, lo pensaste, lo temiste, y si además de ello, percibiste emociones negativas al respecto, es como si en ese momento pasado de tu vida hubieses seleccionado que esa vivencia fuese una realidad en tu futuro.

Somos creadores de nuestra realidad, lo hacemos a través de nuestra atención, nuestra imaginación, nuestros pensamientos y nuestras emociones.

La suerte, es que ahora ya lo sabes, por tanto, crea únicamente aquello que deseas vivir. Recuerda que puedes manifestar de nuevo en tu vida todo aquello que desees a través de tu imaginación.

Somos los creadores de nuestra realidad, lo que no sabemos, es en qué momento aparecerá en nuestras vidas la creación, es decir, lo que tú hayas pensado en tu pasado, no sabes en que momento de tu futuro puede ser una realidad. Por ese motivo, no asociamos los acontecimientos, puesto que ya no nos acordamos de que tiempo atrás, temimos aquello que nos ocurre hoy en nuestra realidad presente.

De todas formas, tampoco quiere decir que todos los pensamientos negativos que tuviste en tu pasado vayan a manifestarse en tu futuro, solo puede que lo hagan si persistieron mucho en el tiempo y además fueron acompañados de emociones negativas prolongadas.

Es más fácil que se manifiesten los pensamientos y emociones positivas que las negativas. El motivo, es que los pensamientos y emociones negativas vibran en una baja frecuencia, por el contrario, los pensamientos y emociones positivas vibran en una frecuencia muy alta.

De manera que las frecuencias bajas tardan más en manifestarse, necesitan más cantidad de pensamientos y emociones negativas para crear la realidad. En cambio, los pensamientos y emociones positivas necesitan un menor grado de incidencia por tu parte para manifestarse en tu realidad.

Las vibraciones de baja frecuencia necesitan más persistencia de pensamientos y emociones negativas para manifestarse en tu realidad.

Recuerdo que hace como unos diecisiete años, más o menos, entré a trabajar en la misma empresa, de la que en estos momentos tengo una franquicia propia.

Trabajaba en un departamento, en el que se gestionaba la producción de los franquiciados que la empresa tenía en ese momento. Mi compañera de trabajo y yo nos planteamos la posibilidad de abrir entre las dos una franquicia propia, en la misma zona en la que vivíamos, pero en esos momentos no fue posible.

Pasó el tiempo, yo dejé de trabajar en esa empresa, creé mi primer negocio. Pasado un tiempo, alguien de esa empresa contactó de nuevo conmigo para informarme de que querían abrir una nueva franquicia en mi zona de residencia. Estuve barajando las opciones y finalmente decidí emprender mi segundo negocio.

Un día, acudí al edificio central de la empresa para realizar una formación, y me encontré con mi antigua compañera, que me recordó que lo que hoy era una realidad para mí, años atrás, había sido solo un proyecto con el que habíamos fantaseado las dos.

Sinceramente, yo ya no me acordaba, pero me hizo mucha gracia recordarlo con ella.

Así que no te preocupes por lo que pensaste o hiciste en el pasado, lo importante es lo que hagas a partir de ahora con los conocimientos que estás adquiriendo.

Como ya sabes, yo también he creado en mi vida situaciones "agradables y desagradables" sin ser consciente de que lo estaba haciendo.

Así que a partir de ahora, debes de ser muy consciente de lo que pienses, creas, imagines y visualices en tu presente, porque será lo que vivirás en tu futuro.

Tus decisiones de hoy
crearán el futuro que vivirás mañana.

Es decir, tu futuro de mañana será lo que IMAGINES en tu presente.

Piensa, que todo lo que hoy es una realidad para todos nosotros, en algún momento anterior, alguien lo IMAGINÓ y lo CREÓ.

Por ejemplo:

La ropa que llevas, los muebles que tienes en tu casa, el coche, las gafas, un avión, un cohete, un tren, un teléfono, un ordenador...

Todo absolutamente todo lo que hoy es una realidad para nosotros, en su momento fue solo una idea en la imaginación de alguien.

Gracias a las ideas de esas personas creativas, imaginativas, y valientes, hoy todos podemos disfrutar de sus aportaciones convertidas en comodidades para nuestras vidas. Esas personas han aportado valor a la humanidad y el Universo las ha premiado con abundancia en sus vidas.

Cuanto más valor aportes a la humanidad, con creaciones propias, más abundancia obtendrás en tu vida.

En nuestra generación y en la de nuestros hijos, vemos como es algo normal, disfrutar de todas las comodidades que tenemos en nuestras vidas, ya que prácticamente desde que nacimos han formado parte de nuestra realidad.

Imagínate ahora, que pudieses mantener una conversación con tu bisabuela, y le contases todo lo que podemos hacer en la actualidad, por ejemplo: Ver por la televisión imágenes de sucesos que han ocurrido a miles de kilómetros de dónde estamos nosotros en esos momentos, incluso, muchas veces estas imágenes que tú puedes ver hoy en tu televisor ocurrieron en el pasado, muchos años atrás, sin embargo, las podemos visualizar cuando queramos de nuevo en nuestro presente.

Hablar por teléfono con alguien que está en el otro extremo del mundo, incluso poder ver a esa persona, a través del teléfono mientras conversas con ella. Viajar a cualquier parte del mundo, viajar al espacio, a la luna, a marte. Conectarnos a internet para obtener información de aquello que deseemos conocer, sea de la índole que sea, en ese preciso momento.

Tu bisabuela, con la realidad que tenía ella en ese momento, probablemente pensaría que la estás engañando, que todo lo que le dices es imposible.

En cambio, tú, desde tu propia realidad, sabrías que en la actualidad todo lo que le estás contando es una realidad tangible para ti.

Siempre, antes de que sea una realidad tangible para todos, alguien en algún momento, ha fantaseado con la idea de utilizar un teléfono, un cohete, un avión..., de tanto imaginarlo, su duende interior lo ha hecho real.

Así que, dedícate a IMAGINAR lo que deseas realmente en tu vida. Recuerda que tu imaginación no tiene ni límites, ni filtros. Lo que pienses e imagines hoy, será lo que vivirás en tu futuro.

Lo que estás viviendo hoy, tu realidad actual, es el fruto de los pensamientos e imaginaciones que tuviste en el pasado.

Tú, eres el único creador de tu vida, así que créetelo, hazte responsable de ello y empieza desde hoy a crear la vida que deseas tener en tu futuro.

Si hay situaciones en tu vida que no te gustan, modifícalas hoy con tus pensamientos y con tu imaginación, para que en el futuro ya no tengan más cabida. Si por el contrario, deseas vivir nuevas situaciones que hoy no experimentas, empieza desde hoy mismo a pensar que ya las tienes en tu vida y a visualizarlas como si ya fueran una realidad, sintiendo las mismas sensaciones que percibirías si ya fueran reales. Te sorprenderás, cuando estas aparezcan en tu vida futura de la forma más inesperada. Entonces recuerda, que quién lo ha materializado en tu realidad has sido tú.

Solo tú puedes hacerlo. Nadie más puede hacerlo por ti. Tú eres el único que tiene la contraseña clave para acceder a tus propios pensamientos y visualizaciones.

"Imagínatelos, visualízalos, desde ahora mismo, todos tus sueños, con todo lujo de detalles, disfruta viéndolos y sintiéndolos como si ya fueran una realidad, hazlo hasta que se manifiesten en tu vida".

RECUERDA

- **Todos tenemos en nuestro interior un poder ilimitado.**
- **Ese poder se llama: Imaginación.**
- **Dale un uso inteligente a tu poder interior.**
- **Atrae lo que deseas a tu vida a través de tu imaginación.¡Imagínatelo!!!**
- **Tu poder interior es ilimitado, pero no tiene filtros.**
- **Con tu poder interior creas tu realidad.**
- **Aprende a ser el creador deliberado de tu realidad.**

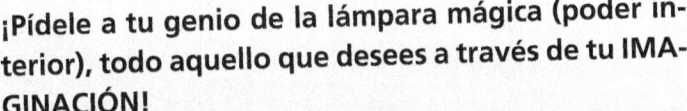

¡Pídele a tu genio de la lámpara mágica (poder interior), todo aquello que desees a través de tu IMAGINACIÓN!

4
La mente
¿Cómo funciona?

Somos lo que hacemos de forma repetida.
La excelencia, entonces, no es un acto, sino un hábito
Aristóteles

Nuestra mente se compone de su parte consciente y a la vez de su parte inconsciente. Aunque también se habla de la parte subconsciente de la mente.

Lo primero de todo, para que no haya confusiones, quiero aclararte qué significan estos dos términos, los cuales aparecen continuamente en los libros de crecimiento personal, de manera indistinta según el autor, llevando a la confusión de si estamos hablando del mismo concepto o no. Vamos pues ahora a aclarar esta cuestión.

Así pues:

¿Mente inconsciente y subconsciente son dos términos que hacen referencia a un mismo significado?

En realidad esta cuestión depende de la escuela que lo define. Pero la mayoría coinciden en que sí.

Subconsciente, es un término que utilizaba la psicología clásica para designar todo aquello que escapaba a la plena consciencia.

Para Freud y los seguidores del psicoanálisis es más correcto hablar de *inconsciente* para referirse a todo aquello que se encuentra oculto en nuestra mente, se trataría de todos aquellos contenidos que escapan a la conciencia, ya sean recuerdos, sentimientos, experiencias, sensaciones…

Nuestra mente consciente es la que utilizamos para pensar y tomar decisiones. Es toda aquella información que pasa por nuestra mente y de la que nosotros estamos totalmente al corriente, es por tanto, nuestra mente racional y lógica a través de la cual tomamos nuestras decisiones en función de nuestros gustos y de nuestra personalidad. Por ejemplo, hoy me levanto por la mañana, abro la ventana de mi habitación y veo que hace un día espectacular, con lo cual decido conscientemente la ropa con la que me apetece vestirme. Tomo la decisión según mi personalidad, mis gustos y según las variables climáticas del día, de forma que tomo una decisión lógica y coherente según esta información y mi punto de vista particular.

También tenemos **nuestra mente inconsciente**, es nuestra mente primitiva que funciona en automático y por instintos. En ella tenemos información guardada, de la que no somos conscientes, es decir, no sabemos que la tenemos. En esta parte de la mente se quedan archivadas todas aquellas experiencias que han sido traumáticas y dolorosas para nosotros, sobre todo las de la infancia.

Aunque en general se considera que mente subconsciente e inconsciente hacen referencia a un mismo significado, algunas escuelas realizan una pequeña diferenciación, es decir, distinguen dos niveles dentro de nuestra **mente inconsciente**, por una parte, estaría la **mente subconsciente**, que es aquella mente que en ocasiones toma el control de nuestra **mente consciente** y por otra parte estaría la **mente inconsciente**.

Por ejemplo, nuestra **mente subconsciente** sería la responsable de las compras compulsivas que realizamos. Es decir, aunque nuestra **mente consciente** y racional nos dice que ya tenemos 50 pares de zapatos en el armario y que por tanto no necesitamos adquirir más, nuestra **mente subconsciente** nos recuerda que esos zapatos que estamos viendo en el escaparate de la zapatería son únicos y que debemos comprarlos necesariamente para que combinen con ese vestido que tenemos guardado en nuestro armario. Así pues, **nuestra mente subconsciente toma el control de la mente consciente y racional.**

Por otra parte, nuestra **mente inconsciente**, hace referencia a nuestra parte más primitiva o animal, su misión es alejarnos de los peligros y acercarnos al placer. Esta parte funciona en automático, por ejemplo, cuando respiramos o cuando sentimos hambre. No necesitamos pensar para respirar, de hecho, cuando dormimos estamos respirando, lo hacemos de forma automática, no tenemos que pensar para hacerlo. En esta parte de nuestra mente se almacenan nuestras creencias limitantes, y dolorosas, también aquí es donde residen nuestras fobias y miedos.

Por tanto, en forma de resumen, podemos decir que nuestra mente está compuesta por dos parte, nuestra **parte consciente** a través de la cual tomamos nuestras decisiones de forma racional y nuestra **mente inconsciente y/o subconsciente** que aunque la mayoría de las escuelas de psicología lo consideran lo mismo, en ocasiones distinguen **dos niveles** dentro de **nuestra mente inconsciente**: por una parte estaría la **mente subconsciente**, responsable por ejemplo de las compras impulsivas que realizamos y por otra **nuestra parte inconsciente** y primitiva que funciona por impulsos, es nuestra parte de la mente que funciona en automático, a través de la cual nuestro cuerpo respira, siente hambre, bombea nuestro corazón…

1. **Mente consciente**: mente racional y lógica.
2. **Mente inconsciente**:
    2.1 Mente inconsciente: mente primitiva e instintiva.
    2.2 Mente subconsciente: comportamiento impulsivo.

Nuestra mente consciente y sobreprotectora, cuando vivimos situaciones dolorosas, las elimina de la parte consciente y las archiva directamente en la inconsciente. Muchas veces la información que se queda grabada en esa parte del cerebro es como una foto o una pequeña secuencia de video de esa situación dolorosa de nuestro pasado. Como si fuera un trocito de película de nuestro pasado, como un fotograma real, con toda la información de ese momento. Con lo que, en esa secuencia, los recuerdos pueden ser de todo tipo, asociados a un ruido, a un olor, a una temperatura, a una persona, a un lugar en concreto, incluso a una sensación. Cuando alguna de esa información, por el motivo que sea llega de nuevo a nosotros en el presente, desata las mismas emociones negativas o positivas que ya vivimos en el pasado.

Es decir, si de una situación concreta que hemos vivido en el pasado, grabamos un video solo tendremos información visual y auditiva. Pero nuestra mente inconsciente, va más allá, graba un video de la secuencia de la situación captando mucha más información, puede almacenar los olores que había en ese momento, la temperatura, el tacto, la sensación que tú mismo pudiste tener, el miedo que pudiste sentir, en definitiva, los sentimientos que experimentaste cuando en el pasado viviste esa situación. Esta información de los sentidos se queda grabada en tu inconsciente en forma de **anclaje**.

Por ejemplo, cuando yo tuve mi primera crisis epiléptica, estaba en la bañera y el jabón corporal que utilizábamos en casa en ese momento para ducharnos olía a pino, ese olor funcionó de anclaje en mi mente.

Cuando al cabo de un tiempo, mi madre sin acordarse compró de nuevo ese jabón y yo lo olí me sentí fatal, de golpe vino a mí todo lo que ocurrió ese día y mis emociones negativas asociadas a ese recuerdo también afloraron en mí. No podía soportar ese olor de jabón. Porque ese olor me trasladaba a un momento doloroso y traumático de mi vida.

En nuestro inconsciente también tenemos anclajes asociados a recuerdos y situaciones positivas.

Por ejemplo, cuando en la actualidad realizo alguna excursión por la montaña, y huelo el olor de las flores, de la hierba mojada o recién cortada, todo eso me recuerda momentos agradables de mi infancia, que también funcionan en mi mente como anclajes.

La mente inconsciente guarda todas aquellas situaciones vividas en nuestro pasado con un alto impacto emocional.

Recuerda, que en nuestro inconsciente también tenemos guardadas nuestras "creencias", las cuales funcionan para nosotros como una verdad inamovible acerca de un tema determinado.

El proceso sería el siguiente, tenemos pensamientos, si esos pensamientos se repiten en el tiempo, acaban siendo creencias inamovibles para nosotros, que quedan almacenadas de forma permanente en nuestro inconsciente.

Esas creencias vienen de lo que hemos oído decir en nuestro entorno familiar acerca de un tema en concreto, como lo hemos oído de pequeños tantas veces, de nuestros seres queridos, ya ha quedado almacenado en nuestro inconsciente y forma parte de nuestra personalidad y de nuestra forma de entender la vida.

¿Te suenan ese tipo de comentarios?

"Hemos venido a esta vida a sufrir, no te puedes fiar de nadie, el dinero es sucio, la gente rica no tiene escrúpulos, todo es cuestión de suerte, sin estudios no serás nadie en esta vida"...

Si durante tu infancia has oído este tipo de comentarios de tus seres queridos, repetidos muchas veces, estos acaban siendo creencias para ti, porque cuando pensamos y oímos alguna información de manera repetida acaba convirtiéndose en una creencia. Esas creencias instaladas en tu inconsciente pueden ser un obstáculo a la hora de conseguir tus objetivos.

Aunque tú quieras conseguir algo con todas tus fuerzas de forma consciente, si en tu inconsciente tienes creencias almacenadas contrarias a conseguir tu sueño, nunca lo conseguirás, porque tu mente no te lo permitirá.

Por ejemplo, si una de tus creencias es "no te puedes fiar de nadie", a la hora de relacionarte con otras personas, sufrirás engaños y decepciones, por muchas ganas que tengas de tener buenos amigos.

Tu mente cree que la gente que se acerca a ti no tiene buenas intenciones, que te quieren engañar o aprovecharse de ti, entonces para protegerte te demuestra constantemente que tú tienes razón, haciendo que vivas este tipo de situaciones.

El resultado, es que en tu vida, no tienes amigos, porque no te puedes fiar de ellos.

Por mucho que tú te esfuerces en conseguir amistades, al final, siempre te acaban decepcionando.

¿El origen del problema de lo que ocurre, dónde está, en los demás, o en ti?

Está en ti, en esas creencias que tienes instaladas en tu inconsciente, y que muchas veces tú no sabes ni que están allí.

Así que, si quieres conseguir sueños que se te resisten y no sabes porqué, no lo entiendes, ahora ya tienes la respuesta, busca en tu interior.

No lo solucionarás si tu actitud es reaccionar como una VÍCTIMA de la situación, tienes que solucionarlo desde tu interior.

¿Has oído alguna vez a alguien decir?

No lo entiendo, ¿por qué esto siempre me sucede a mí?!!!!

Porque eres tú quien lo crea, debido a tus creencias inconscientes, hasta que no lo soluciones desde tu interior, situaciones similares aparecerán en tu vida, y siempre tendrán el mismo desenlace.

Responsabilízate de tu vida y de lo que ocurre en ella al cien por cien, ya que eres tú quien lo crea.

Es muy importante que entiendas este concepto, que te lo creas y que le pongas remedio, es la única manera de eliminar esos frenos que hay en tu vida y que no te permiten avanzar hacia tus sueños. Para hacerlo, debes cambiar esas creencias inconscientes, a base de repetición, tienes que cambiar las antiguas por las nuevas, te tienes que reprogramar para ser otra persona distinta de la que has venido siendo hasta ahora.

Detecta en qué campos de tu vida tienes mayores obstáculos, e intenta recordar que decían tus padres y tu entorno más próximo referente a esos temas. Te vendrán comentarios, situaciones y frases hechas a la mente. Toda esa información constituye la base de tus actuales creencias inconscientes y limitantes.

Toma nota de esa información para tomar consciencia, y razonar con tu mente consciente su significado. Hazlo hasta que tú mismo veas que no es cierto y entonces a base de repetición, sustitúyela por los pensamientos correctos, lo debes repetir hasta que quede grabado en tu inconsciente, como una creencia nueva que invalida la antigua.

Para ayudarte en esta tarea vamos a hacer un ejercicio:

Anota las áreas de tu vida que más se te resisten y debajo de cada una de ellas anota la información o creencias que tienes al respecto:

Por ejemplo:

1.- Las amistades.

      1. No te puedes fiar de nadie.

      2. La gente solo te quiere por su propio interés.

2.-

      1.

      2.

3.-

      1.

      2.

4.-

      1.

      2.

5.-

      1.

      2.

De los temas que has anotado en el ejercicio, reflexiona de nuevo sobre qué es lo que crees tú realmente y por qué lo crees así.

Recuerda de dónde viene la información que tienes de tus creencias actuales. Pregúntate a ti mismo, si todavía crees que esas creencias son ciertas.

Si crees que ya no lo son, anota ahora las nuevas creencias y valídalas en tu mente, de forma que a base de repetición queden instaladas en tu inconsciente.

Te recomiendo que escribas siempre que puedas, es muy beneficioso expresar por escrito lo que nos ocurre y lo que sentimos, de alguna manera lo estamos materializando y nos hacemos más conscientes de ello, es como si tuviéramos esa información más accesible para poderla trabajar.

RECUERDA

1. Mente consciente: es nuestra mente racional y lógica a través de la que pensamos y tomamos decisiones. Estamos al corriente de esa información.

2. Mente inconsciente: es nuestra mente primitiva e instintiva, almacena información que no sabemos que tenemos guardada.

3. Algunas escuelas de psicología distinguen dos niveles dentro de la mente inconsciente:

    1. Mente inconsciente.
    2. Mente subconsciente.

4. Tus pensamientos repetidos en el tiempo se convierten en creencias inamovibles.

5. La mayoría de tus creencias están basadas en información obtenida a lo largo de tu infancia.

6. Detecta tus creencias limitantes inconscientes, escríbelas.

7. Valida la información de tus creencias actuales.

Sustituye tus antiguas creencias por las nuevas.

¡Somos lo que pensamos, si quieres cambiar, cambia primero tus pensamientos y tus creencias!!!!!!!!!

5

El miedo
¿Cómo dominarlo?

La vida comienza donde el miedo termina.
Osho

¿Qué es el miedo?

Es una emoción primaria que todos poseemos, que, aunque no es agradable de experimentar, en ocasiones es muy necesaria para nuestra propia supervivencia.

Existen dos tipos de miedo: el miedo real y el miedo imaginario.

Distingue entre miedo real y miedo imaginario

La correcta función del miedo es protegernos de los peligros y asegurar nuestra propia supervivencia.

Por tanto, si el origen de ese miedo es real, es bueno para nosotros experimentarlo, porque nos hace reaccionar ante un peligro inminente.

Por ejemplo, si cuando nuestros antepasados estaban cazando para poder alimentarse se encontraban con un tigre, sentían miedo y este les hacía correr o reaccionar rápidamente para que el animal no se los comiera. Por tanto, ese miedo era real.

Ahora bien, si el miedo que sentimos es únicamente fruto de la imaginación, provocado por nuestros pensamientos negativos , ese miedo no es bueno, porque no es real.

Nuestra mente al detectar esos pensamientos rápidamente pasa la información al cuerpo y este experimenta exactamente las mismas emociones que si el miedo tuviera un origen real.

Nos encontramos inmersos en una situación de estrés constante, cada vez que se activa en nosotros un pensamiento negativo, este a su vez activa en nuestro cuerpo las emociones negativas del miedo. Para nuestro cuerpo, no es bueno recibir constantemente, estas dosis de estrés provocadas por las emociones negativas del miedo.

Hemos de saber que el miedo ha sido necesario para que la humanidad pudiera sobrevivir, sobre todo en épocas anteriores. Antaño el miedo se activaba ante una situación de peligro real para nosotros, el problema es que, en la actualidad, todavía tenemos esa misma emoción primaria, que se activa por cualquier pensamiento incontrolado de nuestra mente.

Por tanto, cuando sentimos miedo, debemos analizar si ese miedo tiene un origen real o imaginario. Si es un miedo imaginario, debemos controlarlo, mediante el análisis de los pensamientos negativos que lo están originando.

El miedo es el mayor obstáculo con el que nos enfrentamos a la hora de alcanzar nuestros objetivos. Forma parte de las estrategias de la mente para mantenernos a salvo en nuestra zona de confort.

La misión de la mente es protegernos de lo que ella considera malo para nosotros, todo lo que no le es familiar o conocido es un posible peligro para nuestra mente. Así que enciende sus alarmas para ponernos en guardia.

¿ Te ha sucedido alguna vez, que deseas emprender algo distinto a lo que haces normalmente, y aunque te ilusiona, tu mente te envía inputs en forma de pensamientos negativos, incluso catastróficos, de lo que te podría llegar a ocurrir en tu vida si lo llevaras a cabo?

A mí me ha ocurrido cada vez que he iniciado un nuevo proyecto laboral, o he realizado algún cambio importante en mi vida.

Cuando creé mi primera empresa, me convertí en autónoma. Aunque me iba muy bien, mi mente, sobre todo cuando estaba relajada, me enviaba pensamientos negativos muy rápidos, uno detrás de otro, como si fuera una película rápida, pero además una película de terror. Conseguía paralizarme, porque realmente lo sentía como si lo estuviera viviendo en la realidad, mis emociones eran tan intensas que llegaban incluso a afectarme físicamente.

Como sabéis, durante bastantes años de mi vida he sufrido crisis epilépticas, el año en que decidí crear mi primer negocio, sufrí tres de ellas, en un corto espacio de tiempo, incluso tomando medicación.

¿Sabéis qué me provocaba realmente las crisis?

Era mi mente con los pensamientos que me enviaba y las emociones que estos me provocaban, yo en esos momentos no lo sabía controlar, mi mente me llevaba al límite, hasta que ya no podía más y volvía a padecer una nueva crisis.

¿Sabéis cómo lo superé?

Buscando ayuda externa, esa ayuda me la proporcionaron los libros de superación personal que leí, libros como el que tienes tú ahora mismo en tus manos.

El día que comprendí, que ese miedo no tenía causas reales en las que sustentarse y que únicamente era una estrategia de mi mente para mantenerme en zona segura y conocida, mi vida cambió de la noche a la mañana, ese descubrimiento ha cambiado mi calidad de vida de una manera increíble.

En realidad, lo único que tienes que hacer para controlar el miedo imaginario, es controlar tus pensamientos. Cuando esos pensamientos negativos aparecen en tu mente, piensa en otra cosa, has de ser rápido, cuanto antes desaparezcan de tu mente mucho mejor, porque sufrirás menos. Entrenar tu mente cada día y tenerla bajo control, es tu misión diaria y primordial.

> Si entrenas tu mente a diario para mantener los pensamientos negativos bajo control, también tendrás la emoción negativa del miedo controlada.

El miedo es una emoción que te paraliza, tanto si tiene un origen real, como si es imaginario. Tu cuerpo no discrimina, solo recibe la información que le envía tu mente.

Es importante entrenar la mente para controlar los pensamientos negativos desencadenantes de esta emoción, puesto que aparte de ser desagradable de experimentar para nosotros, el miedo puede ser la causa de que no avancemos en nuestra vida.

Si cada vez que vas a realizar un cambio en tu vida el miedo te paraliza, no podrás avanzar en tu camino y también te sentirás mal. Así que cuando experimentes de nuevo esa emoción, averigua su origen, en ocasiones puede alertarte de un peligro real para ti, pero en otras ocasiones lo único que hace es paralizarte para que no asumas riesgos y te quedes en tu zona de confort, es una simple artimaña de tu mente.

Al principio puede que te cueste más esfuerzo el realizar este tipo de ejercicio mental, pero cada vez dominarás más la técnica, te sentirás más tranquilo, más seguro, más feliz y eso te llevará a tener emociones positivas que te harán vibrar alto, de forma que podrás conseguir todo lo que desees en tu vida y mucho más.

Cuando lo pruebes y veas que funciona, lo harás sin parar, y entonces serás un experto en esa técnica.

RECUERDA

1. El miedo es una emoción primaria que sirve para protegernos.

2. Debemos distinguir entre el miedo real y el imaginario.

3. Aprende a detectar los pensamientos negativos infundados por tu mente para protegerte.

4. El miedo imaginario te paraliza y te impide conseguir tus sueños.

5. El miedo imaginario provoca en tu cuerpo episodios de estrés innecesarios.

6. Domina tus pensamientos incontrolados y dominarás el miedo.

7. Cuando controles el miedo imaginario, serás libre para conseguir todo aquello que desees en tu vida.

¡Libérate del miedo y vive intensamente!!!!!!!!

6

La ley de la atracción
El péndulo y su potencial excesivo.

El péndulo es la herramienta del Universo
para mantener el equilibrio
Esther Sanz

En estos últimos años se ha hablado mucho de la Ley de la atracción. Existe mucha bibliografía en la actualidad que nos habla de esta ley, el libro, llamado "El Secreto" habla específicamente de esta ley y de como ponerla en práctica.

¿La ley de la atracción funciona realmente?

Sí funciona, pero necesitas saber más.

La ley de la atracción nos dice que aquello a lo que le prestamos atención, se manifiesta en nuestra vida. Un pensamiento tiene el poder de atraer a nuestra realidad todo aquello que se asemeje a él.

Pero para atraer aquello que deseamos, además de pensarlo, debemos de acompañarlo de emociones positivas, nuestro cuerpo y nuestra mente deben de ir al unísono y además debemos de controlar el potencial excesivo. Más adelante te hablaré de ello.

En realidad, nuestros antepasados ya eran capaces de atraer a través de sus pensamientos y deseos.

Si echamos un vistazo hacia atrás, podremos comprobar como en todas las épocas de la historia de la humanidad, ha habido gente diferente, que salía de la norma y que podríamos decir que eran visionarios. Todos ellos han atraído con su atención y sus pensamientos sus innovaciones a nuestra realidad. Los inventos de muchos de ellos han contribuido al bienestar actual de la humanidad. Algunos de ellos fueron: *la bombilla* que fue inventada por Thomas Edison, *el frigorífico* inventado por Charles Tellier, *el teléfono i*nventado por Alexander Graham Bell, *el televisor* por Vladimir Zworykin, *el automóvil* por Karl Benz, *la penicilina* por Alexander Fleming.

En todas las épocas de nuestra historia han existido personas que han liderado nuevas ideas, que han ido por delante y que han aportado valor a la humanidad. Muchas veces estas personas han sido tratadas de extrañas, de raras y han sufrido conflictos con los demás, por el simple hecho de ver las cosas de un modo diferente al resto. En definitiva, por ser personas que se han desmarcado de las normas establecidas por la sociedad de su época. Aunque al final han sido ellos, los que, apostando por realizar cambios, han aportado a sus contemporáneos y a las generaciones futuras la posibilidad de evolucionar y vivir más cómodamente.

Todos ellos han atraído de forma real sus ideas y pensamientos en forma de innovación y progreso.

La mayoría de la gente funciona como un rebaño. Necesita que la guíen y le indiquen el camino a seguir, no les gustan los cambios, porque les incomoda salir de su zona de seguridad y de confort.

Para que la humanidad avance, se precisa de gente diferente del resto, visionaria, que vaya por delante y que visualice sus sueños, para que se hagan realidad. Es decir, líderes que iluminen el camino a seguir por la masa.

Ser líder no es fácil, un líder por su propia naturaleza es diferente del resto en su forma de pensar, de vivir, de relacionarse y de "hacer". Sus diferencias, en ocasiones, no son aceptadas por el resto, por el rebaño, que normalmente es reacio a los cambios.

Estos líderes, en algún momento fantasearon con la idea, con su sueño, lo pensaron, le prestaron atención y lo visualizaron hasta que se convirtió en realidad.

Gracias a que cada vez hay más líderes, gozamos de más inventos y más progreso, la humanidad se está acelerando, está creciendo muy rápido, en consecuencia, el rebaño también tiene que evolucionar más rápido de lo que lo hizo en otros tiempos, porque si no puede quedar demasiado desplazado.

Es la idea de la evolución de las especies de Darwin, o **evolucionas a tus tiempos y te adaptas o desapareces**.

El que las personas podemos visualizar y atraer aquello que deseamos a nuestras vidas, es ya un hecho probado y comentado por muchos que lo utilizan como técnica para atraer aquello que desean a sus vidas.

En la actualidad y sobre todo en un futuro próximo, será una necesidad básica para sobrevivir, el hecho de tener una mente abierta para entender todos estos conocimientos y ponerlos en práctica.

¿Recuerdas la conversación imaginaria que anteriormente dijimos que mantenías con tu bisabuela?

Ella con toda seguridad te diría que eso que tú le contabas era imposible que fuera realidad, por el contrario tú sabías que era cierto, puesto que era una realidad tangible para ti.

Lo único que estaría ocurriendo en esa situación imaginaria, es que tu bisabuela todavía no estaría mentalmente preparada para conocer lo que tú le estarías contando, necesitaría abrir su mente para poderlo creer.

De manera que no tengas mentalidad de bisabuela, abre tu mente para creer en aquello que no puedes percibir únicamente a través tus sentidos.

Modela a los que ya lo aplican y están obteniendo resultados probados en sus vidas.

Así que, en vez de darle tantas vueltas, pensando si es cierto o no, ponte en marcha, pruébalo y tú mismo lo podrás comprobar.

Pero, ¿cómo podemos hacer para atraer a nosotros lo que deseamos?

La respuesta es concentrándote en aquello que deseas, piensa en ello, habla de ello, disfruta imaginándotelo, como si ya fuera real, siente la emoción de haberlo conseguido. Pero recuerda que la ley de la atracción no tiene filtros, eso quiere decir que, indistintamente de si a lo que le prestas atención es bueno o malo para ti, lo vas a atraer igualmente a tu vida.

Lo atraes prestándole atención, a través de tus pensamientos, tus palabras y tu imaginación.

Atraes prestando tu atención, a través de tus pensamientos y palabras.

Por este motivo, antes que nada, tienes que medir muy bien lo que dices, lo que piensas y lo que deseas, porque puede aparecer como una realidad en tu vida en cualquier momento. Particularmente, aquellos pensamientos que tienen una alta intensidad emocional.

Por ejemplo, si tienes miedo a que algo suceda en tu vida, y no dejas de pensarlo y comentárselo a la gente, ¿sabes lo que va a ocurrir?

Que lo vas a atraer a tu vida a la velocidad de la luz.

De ahí la importancia de controlar los pensamientos de tu mente, debes ejercitarte, y aprender a apartarlos rápidamente de ella.

Recuerdo que cuando padecí mi primera crisis epiléptica, me quedé muy asustada, tenía pánico a que se repitiera de nuevo.

Lo curioso, es que, en poco tiempo, empecé a ser testigo de como otros también sufrían este tipo de episodios. Uno de ellos fue en un restaurante, estábamos comiendo con mis padres, cuando una señora de repente se cayó de la silla a raíz de una crisis, en otra ocasión, andando por la calle con mi madre, un señor se desplomó por estar sufriendo también una crisis de este tipo.

¿No es extraño, que antes de que yo padeciera esta enfermedad nunca me hubiese cruzado con personas que también la estaban padeciendo, y justo cuando me sucede a mí y me entra el temor a padecerla, en poco espacio de tiempo otra gente a mi alrededor también la sufre?

En ese momento, no lo comprendí, porque no tenía los conocimientos que tengo ahora, que lo veo clarísimo, mi mayor miedo, lo que más me asustaba, no era tanto el padecerlas como la sintomatología, la aparatosidad física de quienes las padecían. Esa era la razón de que atrajera a mi vida tantos casos de gente padeciendo crisis a mi alrededor.

En realidad, mis crisis no eran físicamente tan aparatosas, únicamente me quedaba inconsciente, ni tan siquiera convulsionaba. Así que, el miedo que tenía no solo era de sufrirlas, sino sobre todo de padecerlas en público con tanta aparatosidad, esa emoción negativa repetida tantas veces en mi mente atrajo a mi vida más situaciones de este tipo.

Esta experiencia nos demuestra de nuevo que aquello a lo que le prestamos atención se manifiesta en nuestra realidad.

Solo debes concentrarte en lo que SÍ quieres y no en lo que NO quieres, porque eso es lo que vas a atraer a tu vida. Las preocupaciones te acercan más al problema y te alejan de la solución de aquello que te preocupa.

Si te preocupas, le prestas atención y lo atraes a tu vida.

Simplemente, al pensar en ello sin quererlo, le estás prestando atención, lo estás atrayendo a tu vida. Así que olvídate de tus preocupaciones, apártalas de tu mente.

El hecho de centrar mi atención en lo que NO quería de forma repetida y con alto impacto emocional, estaba funcionando como un imán hacia mí.

Atraía a mi vida justo lo que no quería, porque era a lo que le estaba prestando atención la mayor parte del tiempo.

Al final, todo es control mental, controlar tu mente y dirigirla hacia donde tú quieres ir, si le das rienda suelta, te va a llevar por mal camino.

No es tu mente quien te tiene que dirigir a ti, sino tú a ella.

> Eres tú quien tiene que controlar tu mente y en consecuencia tu vida. No permitas que sea tu mente quien te controle a ti y a tu vida.

Recuerda que la mente, lo que quiere es protegerte, está creada para mantenerte a salvo, para que te quedes en tu zona de confort y no experimentes nada nuevo. Tu mente busca estrategias, inventando auténticos culebrones para que te entre miedo y no ACTÚES.

Es como una madre sobreprotectora, quiere lo mejor para su hijo y que no le pase nada malo, lo más fácil es no dejar que su hijo experimente, ni permitirle hacer nada para que no se haga daño, pero si el niño no experimenta, no crece, no evoluciona y se siente infeliz.

En el momento en que yo entendí lo que te acabo de explicar hubo un antes y un después en mi vida.

Antes de saber lo que sé ahora, me venían a la mente auténticas historias de pánico de lo que me podía llegar a suceder. Pensaba que era mi intuición que trataba de prevenirme, lo pasaba francamente mal.

Un día estando con una amiga mía de vacaciones, recuerdo que me preguntó, qué me pasaba, que tenía cara de preocupación, ella misma me dijo:

"Si hace unas horas estabas tan tranquila y tan normal ¿Qué te ha ocurrido ahora que sea tan grave y te haga sentir tan mal?

Ese comentario hizo darme cuenta, de que en realidad no me había pasado nada nuevo, era mi mente haciendo de las suyas y creando otro de sus culebrones.

Cuanto más tiempo libre tenía para pensar, peor, así que durante las vacaciones era cuando más me sucedía, mi mente poco atareada se dedicaba a escribir auténticas historias de pánico, que se me iban repitiendo en forma de pensamientos negativos a todas horas.

Fue una revelación para mí, el descubrir que mi propia mente, que forma parte de mi propio ser, en ocasiones puede ser letal para mí si no la consigo dominar.

Así mismo, si permites que esos pensamientos invadan tu mente, no solo sufres en ese momento, sino que además baja tu vibración y empiezas a atraer a tu vida todo aquello que no deseas.

Por tanto, controla tus pensamientos y atrae a tu vida únicamente lo que quieres que haya en ella.

Tienes que practicar, al principio cuesta más controlar la mente y sus pensamientos, después ya vas dominando la técnica de pasar de un pensamiento a otro con más facilidad.

En mi caso, recuerdo que los pensamientos negativos me venían de golpe a la mente a mucha velocidad, uno detrás de otro.

A veces por la mañana, me levantaba ya sobresaltada, por alguno de esos pensamientos, que en realidad eran preocupaciones que yo tenía en ese momento.

No a todo el mundo le ocurre lo mismo, ni con la misma intensidad. Recuerdo, que, de jovencitos, veía que a mi novio esto no le ocurría, él mismo, de forma innata, sabía desviar la atención de sus pensamientos con mucha facilidad, me decía que tenía como puertecitas en su mente y que las abría y las cerraba según le convenía.

En esos momentos, yo me preguntaba a mí misma, pero cómo lo hace para controlarlo o incluso para dejar la mente en blanco, para mí era imposible.

Hay gente que de forma innata e inconsciente ya sigue estos principios, otros en cambio tenemos que hacernos conscientes del proceso y practicar más para conseguir los mismos resultados, así es la vida, cada uno de nosotros nacemos con unas determinadas habilidades y a la vez con ciertas carencias personales. Lo importante, es que las reconozcamos y las sepamos superar para continuar nuestro camino, que las dificultades no nos impidan nunca conseguir nuestros objetivos.

Así pues, la ley de la atracción nos dice, que si lo visualizamos lo atraemos a nuestras vidas, ahora ya sabes que esta ley no tiene filtros y que atraerá indistintamente a tu vida aquello a lo que le prestes atención.

Cuando visualices, lo debes hacer con todo lujo de detalles, es decir, debes imaginarte la situación como si ya fuera real, incluso oliendo algún tipo de olor en concreto, tocando a la persona que tienes al lado, escuchando ruidos de fondo, viendo los colores de las cosas …

Tienes que visualizar lo que deseas con la misma calidad de una foto o un vídeo de alta resolución, imaginarlo de tal forma, que sea tan creíble como puedas, para que tu mente crea que es real y lo acepte.

Otra cosa muy importante que tienes que tener en cuenta, es el péndulo y su potencial excesivo.

Tienes que visualizar y pensar en lo que deseas, al mismo tiempo que consigues no darle toda la importancia, porque si le das demasiada importancia el péndulo te llevará justamente a lo contrario de lo que deseas. Se trata de conseguir mantener el equilibrio entre el deseo de conseguirlo y tú involucración emocional.

Es decir, tú quieres conseguir X, pero si no lo consigues también serás feliz y estarás agradecido. Tienes que visualizarlo, desearlo y después automáticamente olvidarte de eso que tanto deseas, pensar en otra cosa, dar por hecho de que ya lo tienes, que forma parte de tu realidad. Tu deseo tiene que ser una obsesión controlada, para que el péndulo no se desplace justo al lado contrario de lo que tú deseas.

Os pongo un ejemplo, tengo un negocio de ventas, en el cual nos fijan unos objetivos económicos trimestrales bastante suculentos, a los que yo intento llegar cada trimestre.

Cada día los podemos consultar en el ordenador, necesitamos facturar una determinada cantidad de dinero de cada uno de los productos que comercializamos para conseguir el objetivo. Si vamos en verde, es que vamos en línea para conseguirlo y si vamos en rojo significa que no estamos en línea de conseguir el objetivo trimestral fijado por la empresa.

Cuando nos acercamos al final del trimestre, me dedico a visualizar esa pantalla con los datos en verde, y a sentir la misma sensación de satisfacción que ya he sentido en otras ocasiones cuando ya lo he conseguido. Pero sin obsesionarme, sin que conseguir esos objetivos sea de vida o muerte para mí, sin darle demasiada importancia para que el péndulo no se exceda. Es decir, sin apegarme al resultado.

Es como cuando necesitas encontrar una solución, una respuesta a un dilema, tienes que tomar una decisión, y no tienes ni idea de lo que debes de hacer, ni por lo que decidirte. En estos casos sabes que no puedes estar obsesionado a todas horas en encontrar la mejor solución, porque no la encontrarás.

Tienes que pensarlo, y después olvidarte, desconectar, dejar que fluya la solución hacia ti como por arte de magia, y eso es lo que seguramente al día siguiente te ocurrirá, la solución aparecerá de repente en tu mente.

> Obtienes lo que deseas fácilmente en tu vida, cuando no lo necesitas.

En realidad, obtienes lo que deseas fácilmente en tu vida cuando no lo necesitas. El motivo es precisamente éste, cuando no necesitas algo, no te obsesionas en conseguirlo y por tanto el péndulo permanece equilibrado, en cambio cuando necesitas conseguir ese mismo deseo de forma desesperada, desestabilizas el péndulo y no lo consigues.

Así que te recomiendo que practiques todo lo que te explico y lo apliques en tu vida a diario con todo aquello que desees conseguir.

La clave es practicar y dominar las técnicas, si únicamente lees y no lo pones en práctica no obtendrás los resultados que deseas en tu vida.

Todo lo que quieras conseguir en esta vida va a tener un precio, en forma de esfuerzo y sacrificio.

No creas que únicamente visualizando de vez en cuando aquello que deseas conseguir, va a aparecer en tu vida, no funciona así. Tienes que visualizarlo a diario, disfrutando cuando lo haces, no lo hagas por obligación.

RECUERDA

1. Los líderes apuestan por el cambio, la masa se resiste.

2. El cambio es progreso. Necesitas avanzar para ser feliz.

3. Aquello a lo que le prestas atención se manifiesta en tu vida, tanto si te gusta, como si no.

4. Pon tu atención de forma deliberada en aquello que Sí deseas ver manifestado en tu vida.

5. Visualiza tu objetivo a diario disfrutándolo con todo lujo de detalles.

6. Convierte tu deseo en tu obsesión diaria controlada.

7. Aprende a desconectar de tu objetivo, para que el péndulo no exceda su potencial.

8. El Universo busca el equilibrio, el péndulo es su herramienta para conseguirlo.

¡Visualiza tu deseo y disfruta haciéndolo!!!!

7
Las emociones
Permite que tus emociones te sirvan de guía.

Tus emociones indican la calidad de tus pensamientos
Esther Sanz

Una de las maneras de saber, si estás haciendo bien tus deberes, a la hora de reprogramar tu mente y controlar tus pensamientos, es prestar atención a tus emociones, ellas te pueden servir de guía.

Si la mayor parte del tiempo, te sientes bien, tus emociones son positivas y te sientes contento e ilusionado. Esto quiere decir, que tus pensamientos son positivos porque tus emociones siempre son acordes a tus pensamientos.

Si, por el contrario, la mayor parte del tiempo, te sientes mal, tus emociones son negativas, y experimentas: enfado, rabia, temor, ira, envidia… quiere decir, que tus pensamientos dominantes son negativos, significa que no estás haciendo bien tu trabajo, no estás controlando de forma deliberada los pensamientos negativos de tu mente y por tanto las emociones que experimentas también son negativas.

Aunque tus emociones sean la mayor parte del tiempo positivas, tienes que estar en guardia permanentemente, porque en cualquier momento, tu mente aprovechará cualquier estímulo, palabra, comentario, olor, sensación, para colarte un pensamiento negativo.

Recuerda, la misión de tu mente no es que seas feliz, y que crezcas a nivel personal, su misión es protegerte a toda costa, de todo aquello que es nuevo y que está fuera de tu zona de confort.

Si la mente detecta que quieres provocar algún cambio en tu vida, te va a sabotear, enviándote pensamientos negativos relacionados con el reto que te estás planteando emprender.

Por ejemplo, cuando yo creé mi primera empresa, no sabía nada de todos estos conocimientos, mi mente me enviaba los peores pensamientos posibles, me evidenciaba el peor desenlace de todos.

Mis emociones eran dolorosas y negativas. Esa conjunción es creadora, porque tener pensamientos asociados a un alto impacto emocional, es atraer lo negativo a tu vida.

> Pensamientos asociados a un alto impacto emocional, es atraer esos acontecimientos a tu realidad.

Ahora que lo conozco y además lo he experimentado en mi vida tanto para bien, como para mal, no puedo dejar de compartirlo con todo aquel que quiera saberlo. Sería un delito por mi parte no hacerlo, porque considero que es un conocimiento imprescindible para vivir feliz.

Créeme, el hecho de que lo sepas y lo pongas en práctica, te convierte directamente en una persona muy AFORTUNADA.

El solo hecho de contemplar la posibilidad, de que yo no hubiese conocido y aplicado en su momento estos principios, con la cantidad de pensamientos negativos que me venían a la mente, sinceramente, me genera una duda importante acerca de como hubiese acabado mi vida, la verdad.

Pero te puedo asegurar que en el momento en que lo hice, me hice responsable de mi vida, fue como coger el mando a distancia y elegir deliberadamente la película que quería vivir en el futuro.

¿Recuerdas qué es un anclaje y cómo funciona en tu mente?

Cuando sucede algún acontecimiento en nuestra vida que nos provoca un alto impacto emocional, todo lo que ocurría en ese momento del suceso, es decir, los estímulos sensoriales, las emociones y las sensaciones asociadas, puede funcionar como un anclaje, quedando grabados en nuestro inconsciente.

De forma, que cuando lo percibes de nuevo en otras situaciones, recuerdas exactamente las mismas emociones que ya viviste en ese momento de tu pasado.

¿Recuerdas cuando en capítulos anteriores expliqué que cuando sufrí mi primera crisis, usaba un gel de baño en concreto, con un olor a pino muy peculiar y bastante fuerte?

Ese olor funcionó como anclaje de esa desagradable situación, de forma que cada vez que olía de nuevo ese aroma del gel, me acordaba de todo lo que había ocurrido ese día y volvía a revivir de nuevo las mismas sensaciones negativas.

De modo que, aunque te sientas genial, y tus emociones te estén indicando que tus pensamientos están bajo control, en cualquier momento, solo por percibir cualquier tipo de estímulo, es decir, un olor en concreto o que alguien haga algún comentario, tu mente rápidamente puede generar un pensamiento negativo.

Cuando aparece un pensamiento negativo en tu mente, tienes que mantenerte en guardia, reaccionando rápidamente para pivotarlo a otro positivo. Cuanto menos tiempo se instale en tu mente mucho mejor.

Acostúmbrate a tener buenos pensamientos y buenas emociones por norma. Es importante que tu mente funcione así y la reprogrames con ese fin, porque los pensamientos que se tienen de forma repetida acaban convirtiéndose en **creencias**.

Asimismo, es más difícil reprogramar una creencia basada en muchos pensamientos repetidos a lo largo del tiempo, que un solo pensamiento que se nos haya colado puntualmente.

Al principio, parece muy difícil controlar tus pensamientos, pero es solo falta de práctica, además tu mente está acostumbrada a que nadie le ponga límites, los pensamientos negativos deambulan por tu mente a sus anchas desde toda tu vida.

En el momento en que pones límites, filtrando tus pensamientos, tu propia mente se resiste al cambio, pero si insistes en mantener el filtraje y control de tus pensamientos, al final, será algo normal para ti y para tu mente.

Todo esto forma parte de un proceso que estás llevando a cabo. Este proceso se llama **REPROGRAMACIÓN**.

Tienes que programar tu mente para ser exitoso, puesto que todo es mental. Existe por tanto, la mentalidad triunfadora y la mentalidad perdedora.

Tu principal tarea diaria antes que cualquier otra cosa, es trabajar para tener ese tipo de mente, la mente ganadora, triunfadora, exitosa en todas las facetas de tu vida.

Tus emociones son una guía importante y muy eficaz para saber en todo momento si todo está bajo control, en el instante en que sientes una emoción negativa, las alarmas de tu interior tienen que sonar con fuerza para ponerle remedio cuanto antes.

> Utiliza tus emociones como un indicador,
> que te permita detectar en todo momento
> la calidad de tus pensamientos.

Las enfermedades físicas que sufrimos también nos la provocamos nosotros inconscientemente con nuestros pensamientos negativos.

Tal como te he dicho antes, **los pensamientos negativos** repetidos a lo largo del tiempo se convierten en **creencias**, y cuando estas ya están arraigas completamente en ti, pasan a formar **parte de tu personalidad**.

Se necesita un mayor esfuerzo para modificar un rasgo de personalidad, que un pensamiento negativo fortuito. Así que no permitas que el proceso avance, erradícalo cuanto antes de tu mente.

Pensamientos negativos ⇨ Creencias ⇨ ⇨ Rasgo de personalidad

Recordaréis que os comenté que aunque me medicara para mi enfermedad, continuaba sufriendo episodios puntuales.

En realidad esto ocurría igual porque quién los provocaba era yo misma con mis pensamientos negativos llevados al límite sin ningún tipo de control.

En esa época había decidido ser valiente y crear mi propia empresa, eso representaba tener más responsabilidades y asumir riesgos, puesto que, en esos momentos yo ya había formado una familia.

Decidí ir a por mi sueño, subirme al tren de la oportunidad que en ese momento pasaba por mi vida, capitalicé el paro y emprendí mi negocio.

Ahora con mi experiencia, te puedo decir, que en esos momentos no sabía nada, no tenía ni idea de todos los retos a los que me tendría que enfrentar. Evidentemente, la emoción paralizadora del miedo aparecía constantemente en mi día a día, aun así, lo hice, me caí varias veces, pero me levanté, en verdad aprendí mucho a todos los niveles, sobre todo crecí mucho a nivel personal, crecí porque decidí ser valiente, salir de mi zona de confort en busca de mis sueños y de mi autorrealización personal.

Es inevitable que haya momentos en que nuestra mente nos paralice por los pensamientos y las emociones negativas que experimentamos. La clave está en saber descifrar si ese miedo es real o infundado. Puede ser infundado y por ese motivo no debemos tenerlo en cuenta, pero en otras ocasiones puede ser real. Es decir, si tú decides emprender una acción o un proyecto, pero estás siendo consciente de que en realidad no te está conduciendo donde tu querías en un principio, entonces debes de rectificar porque si no puedes complicar tu vida excesivamente. "Rectificar es de sabios".

Saber reaccionar a tiempo, también forma parte de tu evolución y de tu crecimiento personal. Seguramente, esta experiencia te habrá servido para alcanzar en el futuro una meta superior, probablemente debías de vivir esa situación para aprender a rectificar y a reconducir tu vida hacia tu verdadero propósito. En ese momento debes escuchar tu vocecita interior, ella te va a indicar el camino correcto.

La idea sería, si tu proyecto es tu sueño y lo tienes claro, continúa a pesar de las dificultades y del miedo. Ahora bien, si ese esfuerzo no te conduce hacia tu sueño real, no lo tomes como una derrota, únicamente rectifica y aprende de tu experiencia.

Si eso sucede, ahora quizás lo podrás tomar como un fracaso, aunque en realidad no lo sea. Lo tienes que ver en perspectiva, seguro que dentro de unos años entenderás porque viviste esa situación en tu pasado. Habrá un día en que todo cobrará sentido.

Es como si tu visión actual de la situación fuera desde un valle, donde solo puedes ver lo que está sucediendo desde tu mismo plano visual. En cambio, si subes a la cima del monte, podrás tener un campo visual más amplio, en consecuencia, tendrás más información de la que tenías antes acerca de esa situación.

Tienes que valorar los sucesos y situaciones en perspectiva, con un campo visual más amplio.

Imagina por ejemplo que pierdes el avión que salía hoy a las 9:00h de la mañana, en ese momento, te sientes disgustado, enfadado, tus emociones negativas están a flor de piel. En esos momentos lo único que ves es que has perdido el dinero del pasaje, y que además no llegarás a tiempo a tu reunión de trabajo.

Compras otro billete para salir en el próximo avión. Mientras te esperas en la cafetería, te percatas de que ese vuelo que tu acabas de perder ha sufrido un grave percance, el avión se ha estrellado y ha caído al suelo. Ahora tienes más información que antes para valorar el suceso, tu campo informativo es más amplio y puedes realizar otro tipo de valoración.

Seguramente a posteriori valorarías la suerte que has tenido de no subir a ese avión. Una valoración muy distinta a la que hacías unos momentos antes, cuando observabas que tu primer avión ya había salido sin ti hacia su destino.

Valora los sucesos de tu vida en perspectiva.

Como cualquier ser humano, tengo mis habilidades y mis carencias, lo importante es que las reconozco, mis habilidades podrían ser, el trato directo con la gente, que soy una persona muy social, empatizo fácilmente, en mis proyectos lucho siempre hasta el final, soy entusiasta, me emociono por conseguir mi sueño y pongo toda la carne en el asador para conseguirlo.

Mi principal carencia, sobre todo en esos momentos, era que no podía evitar que mis pensamientos negativos invadieran mi mente, uno detrás de otro sin parar y sin ningún tipo de control. Ocurría sobre todo, cuando mi mente estaba libre, ociosa, en fines de semana o en vacaciones.

Para mí era un infierno, porque mi mente me proyectaba auténticas películas de miedo, basadas en el peor de los escenarios en los que me podría llegar a encontrar, lo vivía con tanta intensidad emocional, que las podía incluso visualizar.

Ahora que ya conocéis la Ley de la atracción, es decir, que atraes aquello en lo que piensas, sobre todo si hay un alto impacto emocional. Considero que debemos reflexionar seriamente, sobre el daño que nos podemos llegar a ocasionar a nosotros mismos y a nuestras vidas, por puro desconocimiento.

Ya sabéis, que en esos momentos, yo creía que esos pensamientos negativos que tenía seguramente eran intuiciones y advertencias de lo que me podría llegar a ocurrir en el futuro.

Fue entonces cuando empecé a buscar soluciones, necesitaba saber por qué me ocurría esto, no podía vivir así, para mí era un infierno y además todo eso me provocaba crisis, es decir, mis pensamientos negativos afectaban a mi salud.

En esa época sufrí varios episodios en un corto espacio de tiempo, y todo fue debido a no tener el control de mis pensamientos negativos.

Cuando empecé a leer libros como este que estás leyendo tu ahora, descubrí que los pensamientos que me venían a la cabeza no eran intuiciones, si no pensamientos negativos que mi propia mente descontrolada había creado, me di cuenta de que esta podía llegar a ser dañina para mí, como sabéis este conocimiento fue una revelación.

Entendí que yo podía controlar esos pensamientos, esos miedos y además podía influir en mi vida, creando mis propios sueños. ¡Era increíble!!!!

Una vez que lo supe, lo tuve que aplicar a mi realidad no quedándome solo con la teoría, no fue fácil, porque durante muchos años mi forma de pensar había sido diferente. Además, mis pensamientos me pasaban a mucha velocidad, uno detrás de otro. Tenía que realizar grandes esfuerzos por controlarlos, sobre todo cuando me surgían retos y situaciones complicadas a las que no estaba acostumbrada y a las que tenía que hacer frente. No es fácil cambiar nuestros hábitos, sobre todo cuando se trata de hábitos de pensamiento.

Pero todas esas situaciones difíciles, fueron las que me ayudaron a superarme a mí misma y a conseguir tener mayor control de mis pensamientos negativos. Poco a poco conseguí controlarlos, tenía que pensar de forma diferente como si fuera otra persona, tenía que aprender a pensar como una persona triunfadora si quería ser exitosa en todas las facetas de mi vida.

Desde ese momento, en el que logré cambiar el tipo de pensamientos que tenía, ya no necesité medicación alguna y no he vuelto a sufrir ninguna crisis, pero lo mejor de todo es que no tengo miedo a que me ocurran de nuevo.

Durante tu proceso de reprogramación mental, puedes utilizar como guía de ruta tus emociones, si sientes que tienes emociones negativas, es que tu mente ha colado de nuevo un pensamiento negativo que te inquieta, elimínalo cuanto antes.

Recuerda que esos pensamientos negativos, no solo te lo hacen pasar mal en ese momento, si no que te provocan también emociones negativas que te hacen vibrar bajo y atraer a tu vida todo lo que vibra igual, es decir, enfermedades, engaños, escasez de todo tipo, todo aquello que no quieres en tu vida.

Así que cuando la alarma de tus emociones se encienda, rápidamente tienes que buscar remedio y no cesar, hasta que la alarma se apague de nuevo.

Contrasta la información que llega a tu mente, determina si esos pensamientos negativos son infundados o por el contrario tienen una base real que reclama realizar algún cambio en tu vida, si es así hazlo, y si no continúa sin prestar atención a esos pensamientos y emociones negativas sin base real. Pero en ningún caso permitas que se instalen en ti. Es decir, si decides realizar un cambio ACTÚA YA, y si no continúa con tu objetivo hasta el final. En esos momentos de duda, el estar a solas contigo mismo, te ayudará a escuchar tu voz interior para que te guíe.

RECUERDA

1. Utiliza tus emociones para guiarte en tu reprogramación mental.

2. Tu mente para protegerte provoca pensamientos negativos.

3. Presta atención permanente a tus emociones, un simple estímulo o anclaje te puede desequilibrar de nuevo.

4. Una creencia, es un mismo pensamiento repetido en el tiempo.

5. Una creencia arraigada se acaba convirtiendo en un rasgo de personalidad.

6. Filtra de forma deliberada los pensamientos de tu mente.

¡Conviértete en el creador deliberado de tu vida!!!!!!!!!!!!!!

8
Vibraciones y energía
¿Qué tipo de vibración emites?

Vibra en la misma frecuencia que tus sueños
Esther Sanz

Nuestro Universo es energía, todo lo que vemos a nuestro alrededor, incluso nosotros mismos somos energía.

Una mesa, una silla, unos zapatos… aunque los percibimos como objetos sólidos a través de nuestros sentidos, esos objetos también son energía.

La energía vibra, por tanto, todo nuestro Universo está vibrando, emitiendo ondas de alta o de baja intensidad, dependiendo del emisor. Cuando estas vibraciones se encuentran en el exterior interactúan en función de su propia naturaleza.

Es decir, vibraciones similares se atraen para vibrar juntas, una vibración alta al interactuar con una más baja puede hacer subir la baja o también puede bajar la vibración alta.

Pero, ¿por qué motivo emitimos un tipo de vibración u otra a nuestro exterior?

La razón es el tipo de pensamientos predominantes que tenemos, sentimos un tipo u otro de emociones y a consecuencia de todo ello emitimos vibraciones distintas a nuestro exterior.

Si tus pensamientos son mayoritariamente positivos, tus emociones también serán positivas y en consecuencia las vibraciones que emitirás a tu exterior serán altas.

Si por el contrario, tus pensamientos predominantes son negativos (N), tus emociones también serán negativas (N), por tanto, las vibraciones que emitirás a tu exterior serán de baja intensidad.

> Pensamientos (N) + Emociones (N)= Vibraciones bajas
> Pensamientos (P) + Emociones (P)= Vibraciones altas

Todo aquello que deseamos: amor, abundancia, paz, felicidad, salud, bienestar, autorrealización... emite vibraciones altas.

Todo aquello que no deseamos en nuestra vida, emite vibraciones bajas: carencias, enfermedades, desamor, tristeza, dolor...

A través de la vibración que cada uno de nosotros emitimos nos relacionamos con nuestro exterior.

Así que, si emites vibraciones de baja intensidad a tu mundo exterior, atraerás a tu vida, como si fueras un imán, todo lo que vibra en la misma frecuencia que lo estás haciendo tú.

Si por el contrario emites vibraciones de alta intensidad, atraerás a tu vida todo aquello que vibra en tu mundo exterior con tu misma alta vibración.

> **Las vibraciones que emiten una misma intensidad se atraen para vibrar juntas.**

Es decir, que, si emites vibraciones altas, atraerás a tu vida gente que vibrará con tu misma intensidad, en forma de gente que aportará más valor a tu vida, atraerás situaciones y oportunidades que te permitirán avanzar hacia tus sueños y en consecuencia también crecerás a nivel personal.

Eso será genial, porque te sentirás realizado y satisfecho contigo mismo, sentirás como avanzas por el camino de tu vida.

Si, por el contrario, emites vibraciones bajas a tu entorno, irremediablemente atraerás a tu vida personas que emiten vibraciones bajas igual que tú, atraerás a tu vida escasez, te será difícil avanzar por el camino de tu vida, porque con esas vibraciones que emites, no estás atrayendo oportunidades y facilidades para avanzar en tu camino, por el contario estás atrayendo obstáculos que te bloquean el camino.

Te sentirás frustrado, porque tendrás la sensación de que no avanzas en tu vida.

¿Has oído alguna vez el dicho?: "Dios los cría y ellos se juntan"

En realidad las personas se juntan según su nivel vibracional, las personas se atraen entre sí para vibrar juntas según el tipo de vibración que emiten.

A menudo, las personas que emiten vibraciones bajas, todavía se sienten VÍCTIMAS, de las situaciones que viven. Creen que los demás tienen buena "suerte" y facilidades en la vida y ellos no. El caso, es que se están equivocando, porque no es cuestión de **SUERTE**, es cuestión de **VIBRACIÓN**.

Cada uno, emite las vibraciones que van acordes con su forma de pensar, así que la solución, es REPROGRAMARSE desde el interior para verlo reflejado en el exterior.

Seguro que os ha ocurrido alguna vez, que al estar con una persona que acabas de conocer y sin saber por qué, te sientes a gusto, te sientes cómodo estando con ella.

Seguro que también te ha ocurrido todo lo contrario:

¿Os ha pasado alguna vez, que estando con alguien, te sientes incómodo, incluso cansado físicamente?

Eso es porque cada uno de nosotros, en función de nuestra forma de ser, transmitimos a nuestro entorno un tipo u otro de energías y de vibraciones.

Las personas con energía positiva son personas con pensamientos positivos, alegres, activas, personas de acción, con sueños, que hacen todo lo posible por alcanzarlos, son personas con ilusiones. Este tipo de personas, estén donde estén, trasmiten su energía al resto, y los demás sin saber por qué, quieren estar cerca de ellas porque les aportan bienestar.

En una ocasión una amiga me dijo:

"Es increíble, llevo un montón de tiempo buscando trabajo, en todo un año me han llamado únicamente dos veces, lo fuerte es que siempre que me han llamado, tú estabas conmigo".

En otra ocasión, trabajando en mi negocio actual, atendí a una clienta que contrató uno de los productos que comercializo, cuando ya salía por la puerta de la oficina, se giró hacia mí, y me dijo:

"No creas que te hago la pelota, pero es que, aunque no te conozco de nada, he de decirte que me pareces una persona encantadora, me ha gustado mucho como me has atendido, me he sentido muy bien contigo".

Estos dos ejemplos muestran que la energía que yo emitía a mi entorno en ese momento era positiva. Tener este tipo de energía, es básico para ir por buen camino en tu vida, eso quiere decir que te esfuerzas en reprogramarte cada día y en ser tu mejor versión, tener este tipo de energía no es gratuito.

Los lugares en los que están este tipo de personas se llenan de energía positiva, si tú tienes un negocio y emites esta energía vas a atraer a la gente a tu negocio, y estas personas van a comprar tus productos, porque tú les haces sentir bien, tienes algo que ellos quieren y cuando están contigo tú se lo contagias, la gente se siente bien cuando está contigo. Eso es debido a la energía y a la vibración que trasmites a los demás.

El secreto está en trabajar en ti mismo desde dentro, filtrando tus pensamientos constantemente, sintiendo emociones positivas y en consecuencia vibrando con una alta frecuencia en tu mundo exterior.

Recuerda:

> ## Como es dentro, es fuera

Todo lo que quieras conseguir en tu mundo material exterior, lo tienes que trabajar desde tu interior. No al revés, como cree la mayoría de la gente.

Como ya os he dicho, tengo un pequeño negocio franquiciado, de forma que, aunque yo soy mi propio superior, la empresa madre, por decirlo de alguna manera, intenta incentivarnos para que seamos más productivos.

Muchas veces me preguntan, ¿Cómo lo haces para llegar siempre a los objetivos económicos, si eres la que tienes la oficina más pequeña y escondida de toda la red comercial?

La verdad, es que en estos últimos años mi oficina ha estado siempre de las primeras en el ranking de ventas de la empresa, sea del producto que sea, compitiendo con oficinas que tienen más número de comerciales, que físicamente son más grandes, modernas y bonitas que la mía.

A menudo, incluso yo, me sorprendo. En realidad, mi éxito consiste en esforzarme cada día desde mi propio interior para mantener el mayor tiempo posible mi energía al máximo nivel, independientemente de lo que suceda en mi realidad exterior.

Si en algún momento del día surge alguna situación, que me hace bajar la vibración, me esfuerzo para remediarlo rápidamente.

Por ejemplo, si viene un cliente disgustado por algún motivo a la oficina, emitiendo emociones negativas: enfado, mal humor, ira… Es fácil que a los pocos minutos de estar contigo te haga sentir a ti del mismo modo, es decir, te haga bajar la vibración y tú mismo empieces a experimentar también emociones negativas. En ese momento, es cuando tienes que aplicar tus conocimientos y no dejarte llevar por la situación que se está creando, debes de mantener tus emociones positivas y tu energía al más alto nivel posible, consiguiendo dar la vuela a la situación, recuperando un ambiente de emociones positivas. Eso lo conseguirás esforzándote en que no te afecte ni la actitud, ni las palabras de esa persona.

Tienes que conseguir mantener tu vibración alta, sin permitir que esa persona te la baje. Sé egoísta, piensa en ti y en lo que quieres atraer a tu vida, no necesitas para nada vibrar bajo y atraer a tu vida todo lo que eso comporta.

También es cierto que no siempre he conseguido tan buenos resultados, en otros momentos en los que no he aplicado estos conocimientos correctamente, o mi atención no ha estado centrada únicamente en los resultados de este negocio por cualquier motivo, estos evidentemente no han sido tan espectaculares.

Fue sobre todo a lo largo del año pasado, cuando decidí poner en práctica los conocimientos que durante tanto tiempo había estado aprendiendo. Era el momento idóneo para hacerlo, puesto que mi situación laboral había cambiado, me sentía más relajada y con menos presión económica. El resultado durante todo el año fue espectacular. Sinceramente, los resultados fueron increíbles.

Recuerda:

A todo aquello a lo que le prestas tu atención y tu energía se expande.

¿Alguna vez te ha ocurrido que entras en una tienda y sin saber muy bien por qué, ni tan solo te miras los productos que tienen, te das media vuelta y te vas por donde has venido?

El motivo, es la energía negativa que hay en el ambiente. Al percibir el tipo de energía, te has sentido incómodo en ese ambiente y te han entrado ganas de salir de él lo antes posible.

La gente que tiene energía negativa es porque no controla sus pensamientos negativos, sus preocupaciones, esa misma actitud les hace distraerse de hacer su trabajo lo mejor posible, su atención está más centrada en sus preocupaciones que en sus clientes y en su trabajo.

La energía que emiten esas personas es negativa, vibran en una frecuencia baja y por tanto todo lo que atraen a su vida es lo mismo que tienen en su interior.

Tu deber principal, si quieres solucionar tus carencias exteriores, es controlar tus pensamientos y con ello conseguirás sentirte mejor, tus emociones serán positivas y en consecuencia emitirás energía positiva, vibrarás en una frecuencia alta. Contagiarás esa energía positiva a tu entorno, y la gente que estará a tu lado, sin saber muy bien porqué, se sentirá cómoda y a gusto estando contigo.

Recuerda, que todo aquello que vibra en la misma frecuencia, se atrae mutuamente, como si se tratara de un imán.

Vibraciones iguales se atraen para vibrar juntas.

RECUERDA

1. Todos emitimos energía y vibración a nuestro exterior.
2. Vibramos en positivo con vibraciones altas o en negativo con vibraciones bajas.
3. Nos relacionamos con el exterior a través de nuestras vibraciones.
4. Vibraciones de igual intensidad se atraen, vibran juntas.
5. Tus vibraciones son acordes con tus pensamientos y tus emociones.
6. Todo lo que SÍ deseas tener en tu vida, tiene vibraciones altas.
7. Todo lo que NO deseas en tu vida, vibra en baja intensidad.

¡No es cuestión de suerte, es cuestión de vibración!!!!!

9
Responsabilízate de tu vida
Descubre el abanico de posibilidades.

Elige hoy tu vida de mañana
Esther Sanz

De entre todo el abanico de posibilidades que se te plantean, elige en el presente, el tipo de vida que deseas vivir en tu futuro.

Somos nosotros quienes decidimos nuestro futuro, somos nosotros, quienes a través de nuestras decisiones constantes vamos creando la realidad de nuestra vida.

Lo que pienses y decidas ahora, será lo que vivirás en tu futuro. La vida que estás viviendo en tu presente, es el fruto de los pensamientos y decisiones que tomaste en tu pasado.

Es muy importante ser consciente de que no somos víctimas de las situaciones que vivimos y de las cosas que nos ocurren, en realidad, las hemos creado nosotros, en otro momento de nuestra vida.

Es muy importante que seas consciente de que eres el único creador de tu realidad, de tu vida.

El único creador de tu realidad eres tú.

Si lo sabes y lo crees, puedes crear la vida que deseas controlando tus pensamientos y tus emociones, dirigiendo tu vida.

El problema es creer que eres víctima de las circunstancias y que tú no puedes hacer nada para cambiarlas. En este caso, aunque tú no lo sepas o no lo creas, estás creando tu vida futura igualmente, y esta, se basará en los pensamientos descontrolados y sin filtrar que pasen por tu mente. Tu vida estará a merced de tus pensamientos negativos.

En realidad, todo absolutamente todo, lo que te ocurre, lo has creado tú, en un momento pasado de tu vida, con tus palabras, pensamientos, preocupaciones...

Recuerda que eres como un imán, atraes a tu vida aquello a lo que le prestas atención y que además vibra como tú.

> Atraes a tu vida:
> - Aquello que vibra como tú.
> - A lo que le prestas atención.

De ahí la importancia de controlar tus pensamientos y ejercitar tu mente, para que cuando esos pensamientos negativos se apoderen de ti, los puedas cambiar rápidamente por otros de positivos.

Por ejemplo, imagina que quieres crear tu propio negocio, barajas todas las posibilidades y decides que te merece la pena emprender el reto. Has valorado todas las opciones y consideras que tras una inversión inicial de tiempo y de dinero, en un plazo determinado de tiempo este negocio será rentable para ti.

Será lógico que en algún momento aparezcan pensamientos negativos en tu mente, pensamientos que normalmente empiezan por: "Y si... ". Por ejemplo: ¿Y si no me viene a comprar nadie?, ¿Y si pasa el tiempo y no consigo recuperar la inversión inicial?, ¿Y si he de pedir más dinero al banco para hacer frente a los gastos? ...

Si en su momento has tomado la decisión de iniciar tu negocio y has valorado correctamente todas las posibilidades, considerando todas las opciones y aun así has decidido emprender tu negocio, no puedes permitir que esos pensamientos negativos, que normalmente empiezan por: "Y si..." invadan tu mente, puesto que si lo permites acabará ocurriendo lo que estás pensando constantemente. Cuando esos pensamientos negativos acudan a tu mente, cámbialos por otros más positivos rápidamente, como por ejemplo: "sé que ahora vivo una situación complicada, pero estoy seguro que en unos años estaré mucho mejor", "me siento afortunado de haber tomado la decisión", "soy una persona valiente", "estoy seguro de que mi negocio en unos años me va a ir muy bien, será rentable y me permitirá vivir cómodamente", "he decidido salir de mi zona de confort y sea como sea esa actitud valiente me va a permitir aprender y crecer como persona"...

Alguien dijo:

"Cada día debes de elegir tus pensamientos cuidadosamente, del mismo modo que elijes la ropa que te vas a poner"

Cada mañana antes de salir de casa, buscas en tu armario qué ropa ponerte y como combinarla para que quede bien con el resto de tu indumentaria, no sales de casa con la primera prenda que encuentras en tu armario y menos aún, la combinas con otra que por su color o textura no te guste.

Con tus pensamientos tienes que hacer lo mismo, elegirlos cuidadosamente, si no son de tu agrado, rápidamente tienes que cambiarlos por otros que te vayan mejor y que combinen con tus emociones positivas.

Tienes que tener muy claro, que eres tú quién crea la vida que tienes, nadie más. No sirve de nada, culpar a tus padres, a tu pareja, a tus hijos, a tus amigos, a tu jefe, a la crisis, a la política...

SOLO TÚ PERMITES QUE TU VIDA SEA COMO ES Y SOLO TÚ TIENES LA CAPACIDAD DE CAMBIARLA.

Si no te lo crees, tienes un grave problema, porque nadie puede hacer que creas o no creas en algo, solo lo puedes hacer tú.

Volvamos a mi experiencia personal, recordáis que durante varios años, las crisis se fueron repitiendo en mi realidad.

En esos momentos, yo ni me podía imaginar, que en realidad era yo misma quién me las provocaba, que era yo quién estaba creando mi realidad futura.

Si en el pasado tenía miedo de que me ocurriesen de nuevo y eso me **preocupaba**, estaba teniendo emociones negativas, por tanto, emitiendo una **vibración baja** y además **estaba prestando atención** a lo que no quería.

Estaba cumpliendo todos los requisitos de la creación deliberada, sin saberlo, pero de manera negativa:

- Prestarle atención.
- Vibrar bajo.
- Emociones negativas.

Además, me sentía VÍCTIMA de esa enfermedad, de esa situación.

Por suerte, sin saber aún todo lo que sé ahora, algo en mi interior, me hizo ver, que no solo me podía dañar a mí misma cuando las padecía, sino también a mi familia, REACCIONÉ, me negué a continuar siendo VÍCTIMA de esa enfermedad.

Cuando más tarde conocí los principios del Universo, lo entendí todo muy rápido, porque yo misma lo había experimentado en mi vida. En ese momento todo tuvo sentido.

Entonces, dejé de ser VÍCTIMA de las situaciones para convertirme, en RESPONSABLE de ellas. Escogí en ese presente, el futuro que quería en mi vida.

Es como si todos tuviésemos un mando a distancia, parecido al del televisor, a través del cual pudiésemos escoger qué tipo de vida queremos tener en el futuro.

En ese momento, encontré el mando a distancia de mi vida, me fui al menú principal, donde vi todas las posibilidades de futuro que me podía plantear en función de la opción que yo escogiera en ese momento y decidí escoger la opción de no padecer más crisis.

Probablemente, si yo no hubiese reaccionado como lo hice, en mi futuro hubiese vivido más crisis, más miedos, más angustia.

En definitiva, mi vida hubiese continuado con la misma inercia que tenía en el pasado, porque, de hecho, nada habría cambiado en mi interior y por tanto mi exterior continuaría manifestando lo mismo de siempre.

Busca el mando a distancia de tu vida y elige deliberadamente la película que quieres vivir en el futuro.

En el menú, verás toda la programación y las posibilidades que tienes, según la opción que decidas escoger en tu presente, vivirás una vida u otra en tu futuro.

Si aún tienes dudas, o no crees en lo que te digo, te animo a que lo pruebes y seas tú quien decida si es cierto o no.

Realmente, ¿qué es lo que te estoy proponiendo que hagas?

1. Que filtres tus pensamientos, para que predominen los positivos ante los negativos.
2. Que tengas emociones positivas, la mayor parte del tiempo.
3. Que te sientas bien, feliz, contento, ilusionado.
4. Que dejes de sentirte VÍCTIMA de tu VIDA para RESPONSABILIZARTE de ella.

¿Crees que hacerlo te va a perjudicar?

Piensa que si lo pruebas y no te funciona, al menos durante este tiempo habrás estado contento y te habrás sentido feliz.

Solo por eso, ya vale la pena probarlo, pero si además de eso compruebas que es verdad lo que te digo y empiezas a atraer a tu vida todo lo que deseas, ¡será increíble!!!!!!!!!!

 **RECUERDA**

1. Deja de sentirte víctima de tu vida para responsabilizarte de ella.
2. Tus pensamientos predominantes han de ser positivos.
3. Tus emociones han de ser positivas. Siéntete bien.
4. Tus pensamientos y tus emociones deben combinar igual de bien que tu ropa.
5. Atraes como un imán a tu vida aquello a lo que le prestas atención.
6. Si aún no lo crees. Pruébalo y compruébalo tú mismo.

¿Qué puedes perder?

¡Coge hoy el mando a distancia de tu vida y selecciona la película que quieres vivir en tu futuro!!!!!!!!!!!!

10
La vida es un viaje
¿Cómo es el viaje de tu vida?

Nuestra vida siempre expresa el resultado de nuestros pensamientos dominantes
Soren Kierkegaard

Cuando nacemos emprendemos un viaje, llegamos y nos embarcamos hacia un destino, nos convertimos en navegantes de la vida.

Antes de emprender nuestro viaje elegimos como queremos viajar, según nuestra forma de ser y entender qué es en realidad la vida para nosotros.

Si lo que decidimos es dejarnos llevar según las circunstancias externas que haya en cada momento de nuestra vida, elegiremos una embarcación sin timón.

Según el viento que sople en cada momento, iremos hacia un destino o hacia otro, pero no seremos nosotros quienes decidiremos, serán otras circunstancias las que decidirán por nosotros qué rumbo tomamos cada día y hacia dónde nos dirigimos.

Al no tener el control de nuestro viaje y por tanto de nuestra vida, podremos dirigirnos indistintamente, hacia una roca, hacia un banco de arena, hacia tierra firme, no lo sabremos, no dependerá de nosotros.

Seremos seguidores de otros, no los líderes de nuestro viaje.

En cambio, si lo que queremos es tener el control de nuestro viaje, decidir en todo momento hacia qué dirección deseamos viajar, indistintamente de las circunstancias exteriores, elegiremos un barco a motor.

Nos haremos responsables de nuestro viaje al cien por cien, tendremos claro lo que **NO** queremos para nuestro viaje y por tanto iremos a buscar aquello que **SÍ** queremos, dejando de ser víctimas de las situaciones.

Seremos los líderes de nuestra vida, no los seguidores de otros que deciden por nosotros nuestro camino.

Tendremos una actitud positiva y de esperanza ante las dificultades que **inevitablemente** aparecerán en nuestro camino, de las cuales sacaremos el mayor partido posible, para aprender de ellas y ser más fuertes a la hora de conseguir nuestras metas, en definitiva, disfrutaremos de nuestro viaje día a día.

Las dificultades serán en realidad aquellos retos, que cuando los hayamos superado nos habrán convertido un poco más en la persona que hemos venido a ser.

Seremos personas satisfechas, valientes y realizadas con nosotros mismos, porque ante el miedo y las adversidades nos venimos arriba para convertirnos en la mejor versión de nosotros mismos.

En consecuencia, con nuestra actitud, aunque en el viaje haya momentos difíciles, los habremos superado, nos sentiremos felices, realizados y emitiremos una alta vibración que nos traerá más situaciones y personas que nos agradarán y que nos acercarán más a nuestros sueños, porque aportarán valor a nuestras vidas.

Sentiremos que a pesar de los retos y dificultades que aparecen ante nosotros cuando queremos conseguir nuestros sueños, no nos rendimos, no nos damos por vencidos, por el contrario, nos hacemos más fuertes.

Si seguimos este camino, al final de nuestro viaje nos sentiremos felices, realizados con nosotros mismos por haber luchado por nuestros sueños, gracias a los cuales nos habremos superado como personas y además habremos dejado un legado fantástico a nuestros seres queridos, un legado de abundancia económica y de valores, que les servirá también a ellos para su propio viaje.

Si, por el contrario, nos tomamos cada dificultad como un obstáculo que no nos permite avanzar, que es más grande que nosotros, probablemente nos paralizaremos ante esa situación que no nos dejará avanzar hacia nuestro objetivo. Nos sentiremos frustrados por no haber sido capaces de superar el miedo que conlleva asumir esa situación para llegar a nuestro objetivo.

No tendremos un viaje feliz a causa de nuestra propia actitud.

En consecuencia, la vibración que emitiremos será baja, y por tanto atraeremos más situaciones y personas a nuestra vida que nos alejarán de nuestros sueños, pero habremos sido nosotros con nuestra actitud quienes lo hayamos provocado.

Si no reaccionamos y cambiamos nuestro rumbo, el viaje de nuestra vida no será satisfactorio, cuando lleguemos al final, lamentaremos el no haber sido más valientes, el no haber hecho frente a los miedos que nos han alejado de nuestros sueños.

Podemos ser el polizón de la embarcación o el capitán, nosotros elegimos, si decidimos ser el primero, viajaremos a merced de las decisiones de otras personas, nunca podremos ser nosotros mismos, nos deberemos de esconder para no ser descubiertos y si con suerte llegamos a un destino , no será el que nosotros libremente hubiéramos elegido. Además, durante la travesía estaremos solos, no podremos escoger a nuestros compañeros de viaje.

En cambio, si decidimos ser el capitán de la embarcación, deberemos asumir la responsabilidad que comporta pilotar una embarcación, con una tripulación a nuestro cargo, pero seremos nosotros quienes decidamos estar en esa embarcación y realizar la tarea que seguro nos acercará a nuestros objetivos. Escogeremos a nuestra tripulación y con ellos podremos crecer en nuestro viaje.

Es muy importante, ser tú mismo, mostrándote ante los demás tal y como eres en realidad, sin máscaras, sin tener que esconderte de nada ni de nadie.

Escoge con quién **SÍ** quieres y con quién **NO** quieres realizar tu viaje. Las personas que viajen contigo deben de vibrar tan alto como tú o más, para que te acompañen en tu camino y no te entorpezcan.

Si decidimos viajar con un equipaje pesado significará, que nos cuesta soltar las situaciones complicadas de nuestro pasado, que vivimos más en él, que en el presente y eso no nos permite avanzar.

Nos cuesta perdonarnos tanto a nosotros mismos, como a los demás. Y eso hace que viajemos con demasiado equipaje, nos hace avanzar lentamente por nuestro camino debido al peso que llevamos a cuestas.

Si por el contrario decidimos viajar livianos de equipaje, significará que avanzamos ligeros por nuestro camino, ya no invertiremos ni un segundo más de nuestras energías en nuestras historias vividas en el pasado, hemos perdonado a aquellos que nos han dañado, porque somos inteligentes, lo hemos hecho por nosotros, no por ellos, ya que no queremos acarrear con un equipaje lleno de rencor, rabia o dolor, todas esas emociones negativas ya las hemos soltado, forman parte de nuestro pasado.

Hemos perdonado y estamos agradecidos a todos aquellos que con sus comportamientos hostiles hacia nosotros nos han permitido aprender a ser mejores personas, a superarnos y a estar por encima de esas situaciones.

Antes de subir al barco y emprender el viaje de nuestra vida lo único que sabemos con toda seguridad, es que ese viaje no será eterno, que acabará.

Entonces, ¿qué es lo que nos detiene a la hora de conseguir nuestros sueños?, todo lo que deseamos está fuera de nuestra zona de confort, en forma de un trabajo mejor, de crear tu propia empresa, de comprar una vivienda más cómoda para ti y para tu familia, si realmente lo queremos conseguir, inevitablemente tendremos que superar miedos, retos y dificultades.

Solo los valientes crecerán como personas, porque a pesar de los miedos y las dudas, continuarán hacia delante. Y la vida les recompensará por ello, en forma de dinero, salud, amor, abundancia en todos los niveles de su vida y eso lo habrán conseguido ellos, con el esfuerzo constante por ser su mejor versión.

Tal y como eres y estás tú en tu interior, es tal y como se refleja en tu vida exterior.

Los cambios exteriores los debes provocar desde tu interior, esforzándote en ser mejor persona: controlando tus pensamientos, tus palabras, con quién te relacionas, estando feliz y agradecido y en consecuencia emitiendo una alta vibración.

De esa forma atraerás a tu vida exterior, lo que tú te estás trabajando desde tu interior.

Solo hay un viaje, no hay más, tú eres el único que puede decidir como quieres que sea.

El viaje no es eterno, cada día que pasa ya no regresa, tienes que aprovechar al máximo tu tiempo porque este no es infinito. Y tú, no sabes cuánto tiempo te queda para hacer todo lo que quieres hacer.

Siempre estás a tiempo de cambiar de rumbo. Nunca es demasiado tarde.

El tipo de mentalidad que te lleva a conseguir tus objetivos es aquella que aprovecha cada segundo de su tiempo, como si fuera el último, aprendiendo de cada tropezón, sin venirse abajo, porque sabe que ese tropezón era necesario para que él pudiera avanzar en su camino.

Aquel que camina seguro de sí mismo, porque sabe que se esfuerza y hace siempre todo lo que puede, lo mejor que sabe , también sabe que hasta donde él ya no llegue, llegará el karma, el Universo, el amor, una energía superior, da igual como le llamemos, pero al final por difícil que pareciera en un inicio lo acabará consiguiendo. Ese es el milagro del viaje.

Pero eso, solo lo descubre el que ha sido valiente, aquel que ha ido tras su sueño a pesar de las dificultades, haciendo todo lo posible, teniendo fe y esperanza, de sin muchas veces saber como, acabar consiguiendo su sueño. Y así ha sido.

Así que, si no consigues lo que quieres en tu viaje, si no estás disfrutando, es que tienes que cambiar la forma en que ves y entiendes tu vida, tu viaje.

En este libro te explico como hacerlo para que lo entiendas con facilidad, pero lo más importante es ponerlo en práctica. Tienes que hacer el esfuerzo, porque si no nunca saldrás de donde estás ahora.

Así pues, te animo de nuevo a que prestes mucha atención a todos los conocimientos que te expongo en este libro, los leas cuantas veces lo consideres necesario y los pongas en práctica.

RECUERDA

1. La vida es como un viaje. Tú decides como quieres que sea en cada momento.

2. Según sea tu actitud ante la vida, te dejarás llevar por las circunstancias externas o por el contrario decidirás ser el director consciente de tu vida.

3. Solo tú decidirás si aceptas asumir los retos que la vida te plantea para conseguir tus objetivos y en consecuencia avanzar por tu camino.

4. Si decides vivir en el presente y soltar tu pasado viajarás ligero. Sabrás perdonar y perdonarte.

5. Únicamente tú decidirás quien deseas que te acompañe en el camino.

6. Elegirás si quieres ser tú mismo en todo momento o si prefieres ponerte la máscara más conveniente según la ocasión para agradar a los demás.

7. Si has elegido vivir asumiendo retos y superando obstáculos, habrás elegido crecer como persona.

¡La vida es un viaje que sabes cuando empieza, pero nunca sabes cuando acaba!!!!!!!!!!

11
Tu mundo es un espejo
Como es en tu interior, es en tu exterior.

Cultiva tu interior para disfrutar de tu cosecha exterior
Esther Sanz

Existen dos realidades en nuestro mundo, la realidad material y la realidad espiritual.

Los seres humanos tenemos nuestro cuerpo físico, material y visible, a la vez que también tenemos nuestra alma, nuestra parte espiritual, la parte no visible a nuestros sentidos.

Por lo general, la gente solo cree en lo que sus ojos pueden ver, por tanto, solo cree en la parte visible, que es el mundo material, aquél que pueden percibir a través de sus cinco sentidos.

De ese modo, cuando quieren conseguir sus objetivos materiales se centran en hacerlo a través del mundo exterior, creen que es la única opción que existe.

En realidad, nuestro mundo exterior, lo único que hace es reflejar, como si fuera un espejo, nuestro mundo interior.

> Nuestro mundo exterior,
> refleja nuestro mundo interior.

Así pues, la clave para conseguir nuestros objetivos materiales no está en nuestro mundo exterior, sino en nuestro propio interior.

Respecto a esta información, te puedo asegurar que, en la actualidad, mucha gente la desconoce, algunos la conocen, pero muy pocos la creen y muchos menos aún, la creen y la aplican en sus vidas.

Realmente, es una paradoja, casi todo el mundo, quiere tener esa abundancia que unos pocos tienen en todos los aspectos de su vida, pero muy pocos están dispuestos a abrir sus mentes, para hacer lo mismo que esos pocos hicieron.

Así pues, espero que tú, seas uno de esos pocos que además de saberlo, se lo cree y lo pone en práctica.

Como te digo siempre, pruébalo, ¿qué puedes perder?

Así que, por dónde se tiene que empezar, es por uno mismo, desde su interior, es desde ahí desde donde se debe trabajar.

¿Qué es lo que tenemos que hacer?

Para comenzar tendremos que ponernos a examen, analizarnos, y sobre todo ser honestos con nosotros mismos.

Para ponértelo más fácil, contesta lo más sinceramente posible a las siguientes preguntas:

¿Qué tipo de pensamientos tienes la mayor parte del tiempo, positivos o negativos?

¿Cuándo estos son negativos, haces algo para que desaparezcan de tu mente, o los dejas, hasta que te ponen al límite?

¿Cuándo aparece un reto en tu vida, algo que te incomoda, cómo reaccionas, te obsesionas con ello o lo dejas fluir?

¿Qué tipo de emociones experimentas normalmente en tu día a día, positivas o negativas?

¿Cuándo tienes algún conflicto con otra persona, cómo reaccionas, te obsesionas con ello, justificando constantemente tu posición para confirmar que tú eres quién está en lo cierto?

¿Consideras los retos y conflictos experiencias negativas para tu vida, o intentas ver la parte positiva y aprender de lo ocurrido?

¿Te cuesta olvidarte de las situaciones conflictivas, las repites en tu mente constantemente, como una obsesión?

¿Qué tipo de conversaciones tienes en tu día a día con los demás?

¿Qué tipo de comentarios haces a las demás personas?

¿Cuándo alguien tiene algo que tú quisieras tener en tu vida, sientes emociones negativas hacia esa persona?

¿Crees realmente que eres capaz de conseguir lo que te plantees como objetivo en tu vida, o por el contrario te ves incapaz de conseguir nada de lo que te propones?

¿Cómo te sientes habitualmente contigo mismo, te sientes realizado y feliz, o, al contrario, te sientes frustrado?

¿Normalmente, qué emociones experimentas en tu día a día, estás contento, ilusionado, feliz, triste, aburrido, resignado?

¿Cuándo experimentas emociones negativas haces algo para cambiarlas a positivas y sentirte mejor?

¿Qué tipo de persona crees que eres, una persona con suerte, afortunada o una persona desdichada, sin ningún tipo de fortuna?

¿Crees que a los demás siempre les van las cosas mejor que a ti?

¿Crees que tienes algún tipo de control sobre tu vida, o por el contrario crees que el destino de cada uno ya está escrito desde que nacemos?

Si has contestado sinceramente a estas preguntas, verás como lo que tú crees sobre ti en estos momentos, y, por tanto, lo que has contestado, es exactamente lo que vives ahora mismo, en tu realidad exterior, en tu mundo material.

Piensa ahora en gente que conozcas de tu entorno, recuerda el tipo de conversaciones que tienen normalmente y como se comportan, después observa que tipo de vida exterior tienen.

En realidad, nuestro interior, nuestras creencias sobre nosotros, nuestros pensamientos y nuestras emociones son los que crean nuestra realidad exterior. Es como un espejo donde tu interior se refleja para mostrarte tu vida exterior, material.

Si quieres cambiar tu vida exterior, debes cambiar tu interior, con esfuerzo y constancia, entonces lo verás reflejado en tu exterior.

Es como si miras una película en la pantalla de un proyector, si la película que estás viendo, no te gusta, para apartarla de tu vista, tienes que cambiar la película y poner otra, cambiando la pantalla únicamente no lo solucionas, porque la pantalla refleja la película que hay puesta, nada más. En nuestra vida, es exactamente lo mismo.

Así que, si quieres mejorar tu vida exterior, empieza a trabajar en tu interior cada día, a todas horas, hasta que percibas los cambios que deseas en tu realidad exterior.

Tienes que conseguir reprogramar la forma que tienes ahora de pensar, sentir y hablar.

Reprograma tu forma de: pensar, sentir y hablar.

La única manera de que esta reprogramación se quede grabada en tu interior, sin que te cueste esfuerzo, de manera automática, es a base de repetición y constancia. Recuerda que nadie puede hacerlo por ti.

Cada vez que tienes un pensamiento negativo y lo detectas pivota hacia otro que te haga sentir bien, no permitas que los miedos y los pensamientos negativos te dominen.

Sube tu estado emocional, provoca el cambio, tienes que sentirte contento y feliz la mayor parte de tu tiempo, si no es así, busca la manera de conseguirlo: pasea, tómate un descanso, haz ejercicio, ponte la música que más te gusta, baila, en definitiva, haz lo que más te gusta, el objetivo es subir tu estado emocional.

Cuando consigues controlar tu mente, controlas tu mundo exterior. Parece que hagas magia, al principio, te dará incluso respeto, te costará creer que tú mismo hayas podido desde tu interior crear lo que deseas en tu exterior.

El año pasado viví un año de retos y cambios en mi pequeño negocio.

Había una chica que llevaba varios años trabajando conmigo, después de tanto tiempo juntas, nuestra relación era más de amistad que de trabajo.

Cuando empezó a trabajar en mi negocio, lo compaginaba también con otro trabajo, conmigo estaba solo unas horas por las mañanas, con el tiempo ella ya no se sentía cómoda en su otro trabajo, entonces decidimos que vendría a trabajar la jornada completa conmigo.

El tema, era que, para mí, era muy costoso económicamente, debíamos de alcanzar obligatoriamente, los incentivos económicos extras que la empresa madre nos planteaba.

Como os podéis imaginar, no eran nada fáciles de alcanzar, para nosotras era un sufrimiento si no los conseguíamos, puesto que yo no me podía hacer cargo de los gastos mensuales de la oficina, incluyendo su sueldo.

Ella era muy buena comercial, así que con mucho esfuerzo, trabajando las dos codo a codo todos los días, al final conseguíamos llegar a los objetivos.

Un día me dijo, que le habían ofrecido otro trabajo, donde le pagaban mucho mejor, aunque estaba dudando, no sabía muy bien qué debía hacer, puesto que conmigo estaba muy cómoda y ella por si misma jamás se hubiese planteado cambiar de trabajo.

Yo la animé, pensé que era bueno para ella a todos los niveles. Para mí, aunque era cierto que no tendría tanta presión económica, también representaba un cambio, despúes de tantos años trabajando juntas, me quedaría sola completamente al frente de mis dos negocios.

Realmente, era un reto para las dos, en esos momentos me pasaron muchas cosas por la cabeza, pero me hice fuerte y mi único pensamiento, acabo siendo este:

"Voy a centrarme en hacer mi trabajo muy bien, siendo amable, atenta con mis clientes, dándolo todo, quiero disfrutar de mi trabajo, ahora ya no tengo que tener la presión de llegar a los incentivos comerciales para cubrir mis gastos mensuales, de modo que, puedo centrarme en disfrutar de mi trabajo, haciéndolo lo mejor posible".

No quiere decir que antes, trabajara peor que ahora, pero sí es cierto, que, con la presión de llegar a las ventas para cumplir los objetivos, en ocasiones me angustiaba por el temor a no conseguirlo, me centraba en el resultado de forma obsesiva, en vez de centrarme en atender a mis clientes, en mimarlos, en estar por ellos sin prisas, estaba más centrada en el objetivo final, que en el camino para conseguirlo.

Así que me dije, ¿cuál es la parte positiva de la situación?

"Que no tendré tanta presión económica, de modo que, si no consigo llegar a los incentivos económicos, no pasará nada, porque podré asumir mis gastos mensuales igualmente".

¿Qué creéis que ocurrió?

Únicamente centrándome en mí, en estar muy bien cada día conmigo misma, en sentirme bien, sin preocupaciones, ni pensamientos negativos, sintiéndome agradecida por tener un trabajo que me gustaba, en el que yo era mi propio superior y que además ya no tenía la presión de llegar a los incentivos económicos. Lo que ocurrió entonces, fue que llegué yo sola, a todos los objetivos trimestrales del año.

Era increíble, porque si llegas a los objetivos de un trimestre, al trimestre del año siguiente, te vuelven a aumentar el porcentaje de facturación, ya os digo que fácil no es, y menos estando sola.

Si antes a duras penas, trabajando las dos ocho horas conseguíamos llegar, quién me iba a decir a mí, que yo sola también podría llegar.

¡Pues así fue!!!

Paradójicamente ese año, fue el año más productivo económicamente.

¿Cómo lo conseguí?, ¿trabajando desde mi interior o desde el exterior?

Claramente trabajando desde mi interior. Decidí que era el momento de aplicar a raja tabla todos los principios que durante tanto tiempo había aprendido, sin excusas, cada día, en cada momento. ¿Qué podía perder?

¿Cómo lo hacía?

Controlando todos mis pensamientos y emociones de forma deliberada.

Me sentía contenta, disfrutaba atendiendo a mis clientes, me sentía agradecida, relajada, tenía un trabajo que me gustaba, además, ya no tenía la presión económica que tenía antes.

¿Qué más podía desear?

Me sentía feliz, energética, mis vibraciones estaban en lo más alto.

Mi pequeña oficina, se llenaba cada día de gente nueva, que no había visto nunca, que querían comprar mis productos.

Sinceramente, era increíble, vendía mucho más que antes, sin hacer aparentemente nada diferente. Digo aparentemente, porque no hice nada distinto en mi mundo exterior, pero si en mi mundo interior.

A menudo, nos quedamos con la imagen que se refleja en el exterior, como única realidad, porque es la que podemos percibir con nuestros sentidos. No tenemos en cuenta nuestra realidad interna, que es donde realmente está el origen de la imagen externa que percibimos.

Cuando deseamos cambiar nuestra realidad externa, debemos de volvernos hacia nuestro interior y desde allí cambiarla.

Así que te animo a que creas lo que te digo y te pongas en acción a reprogramar tu vida desde ahora mismo.

RECUERDA

1. Cultiva tu interior, para ver los resultados materiales en tu exterior.

2. Lo que ves en tu realidad material, es el reflejo de tu mundo interior.

3. Debes cambiar tu interior, si quieres ver cambios en tu exterior.

4. Cultivar tu interior: filtrar pensamientos y emociones.

5. Disfruta de tu nuevo reto, agradeciendo lo que ya tienes.

6. La realidad que percibes con tus cinco sentidos es solo un reflejo.

7. El origen de la imagen que se refleja en tu exterior está en tu interior.

¡Siembra y cultiva cada día tu interior,
para recoger los frutos en el exterior!!!!

12
El arte de la manifestación
Toma acción.

*Provoca que todo aquello que deseas,
suceda en tu vida*
Esther Sanz

Cuando quieres conseguir algo en tu vida, tienes que provocar que eso que quieres suceda.

No esperes a ver qué pasa, qué es lo que hacen los demás, no esperes a mañana, a más adelante, ¿para qué?, siempre habrá algo que no sea perfecto, que justifique que ese no es el momento idóneo para ir a por tus sueños.

Si quieres algo, ve a por ello. Necesitas ponerte en acción. No te detengas ante ningún obstáculo, si tienes claro tu objetivo, ve a por ello a pesar de todos los retos o impedimentos que te encuentres por el camino.

Tu alma, sabe lo que necesitas y lo que quieres, pero tienes que escucharla, tienes que parar ese ritmo estresante de vida que vives, para escuchar en tu interior y saber exactamente cuáles son los anhelos del alma, porque esos son los que te llevarán al camino de la felicidad.

Llevamos una vida rutinaria, siempre hacemos lo mismo, vamos como pollo sin cabeza por la vida, cada mañana nos encendemos ON y cada noche nos apagamos OFF, y esto un día tras otro.

¿Cómo vamos a estar ilusionados si cada día es lo mismo?

Tienes que parar ese ritmo de vida que tienes, para escucharte realmente a ti mismo y saber qué es lo que realmente quieres. Aquello que solo de pensar que lo puedes llegar a tener ya te emociona.

Una vez que lo sabes, que has descubierto qué es lo quieres en tu vida, lo que te motiva. Tienes que buscar la manera de conseguirlo, rompiéndote los cuernos y esforzándote por alcanzarlo. Para ello también necesitarás una alta dosis de valentía y de compromiso, de ponerte incómodo.

Pero te aseguro que, si lo haces, después te sentirás genial contigo mismo, te sentirás autorrealizado, fuerte, seguro y capaz de comerte el mundo.

Esta sensación es tan agradable que engancha, tienes ganas de sentirla de nuevo en tu vida y esa es la manera de romper una rutina de vida que no te llena, con un trabajo diario que solo realizas para poder vivir y mantener a tu familia, pero que no te satisface, no te hace sentir realizado, no tienes la sensación de avanzar en tu vida, que es justamente lo que necesitas para sentirte feliz.

Recuerda que tu mente siempre te va a poner obstáculos, en forma de miedo, para mantenerte a salvo de lo que ella considera que puede ser peligroso para ti.

Por tanto, tendrás que controlar tus pensamientos y pivotarlos rápido para que tu mente protectora no te sabotee.

Tienes que subir tu vibración al máximo y visualizar tus objetivos lo más fielmente que puedas, pero además de todo ello tienes que ACTUAR.

Por ejemplo, si yo quiero conseguir un trabajo, tendré que empezar confeccionando mi currículum, llevándolo a las empresas que precisen candidatos y realizando entrevistas. Cuantas más veces lo haga, más acción habré tomado y más oportunidades de encontrar un trabajo tendré.

Una vez haya tomado acción, tendré pensamientos positivos referentes a mi nuevo trabajo, me visualizaré trabajando y sintiéndome afortunado por haberlo conseguido. Esto es muy importante, porque si visualizo mi objetivo, pero después durante el resto del día mis pensamientos negativos invaden mi mente: " No va a salir bien, hay muchos candidatos para el puesto, seguro que los demás están más preparados que yo, etc…".Te estarás saboteando a ti mismo y a tu deseo.

Por otra parte, si te limitas a visualizar, pero no has hecho todavía tu currículum y no lo has llevado a ninguna empresa, difícilmente conseguirás el trabajo, porque no estarás tomando la acción necesaria.

Si únicamente visualizas y no ACTÚAS no obtienes resultados.

Además de visualizar tienes que ACTUAR.
Sin actuación, no hay consecución.

Algunas personas, durante un ratito al día y solo cuando se acuerdan, mientras están tumbados en su cómodo sofá, visualizan su deseo durante cinco minutos, y después no entienden por qué a ellos las leyes no les funcionan.

Recuerda, todo lo que deseas en tu vida precisa de ESFUERZO, nada es GRATIS, tú tienes que hacer todo lo que puedas (de verdad) y creas necesario para conseguir tu objetivo y el Universo hará el resto. Siempre y cuando tú antes hayas ACTUADO.

Todos tenemos la capacidad de manifestar en nuestra vida lo que queremos, si le prestamos atención reprogramando nuestra mente y además haciendo todo lo que creemos que debemos hacer.

El puente que te lleva desde tus sueños, hasta la realidad de conseguirlos, es la ACCIÓN.

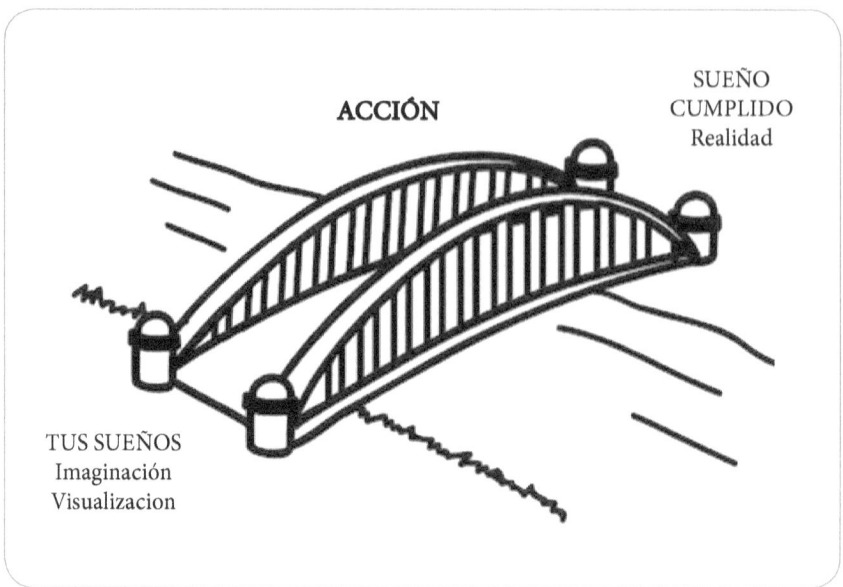

Cuando dominas la técnica de crear y de hacer que las cosas sucedan, te conviertes en un auténtico mago creando aquello que deseas en tu vida.

Así que practica a diario con tu mente hasta que lo consigas, prueba primero con cosas pequeñas, como por ejemplo pensar en alguien que hace tiempo que no ves y que te gustaría ver. Piensa en ella continuamente, visualiza su rostro, sus gestos, su forma de reír, de hablar...

Cuando al salir a la calle te lo encuentres, o te llame por teléfono, directamente vas a alucinar, pero será cuando te creerás de verdad que eres un creador de realidad.

Con la práctica, cuando esto ya lo domines, puedes crear todo aquello que quieras y necesites, desde más dinero, a encontrar a la pareja de tus sueños, a tener unas amistades fantásticas, a tener un trabajo que además de proporcionarte abundancia económica te permita sentirte realizado, puedes crear lo que tú quieras.

Ya sabes, como siempre está en tus manos.

¿Te lo crees?

Si no te lo crees, no tienes nada que hacer.

Al final, lo más importante de todo lo que yo te cuente en este libro, es lo que tú CREAS, en función de ello te convertirás en UN CREADOR para tu vida o continuarás igual que hasta ahora, creyendo en la suerte y la casualidad únicamente.

RECUERDA

1. Si deseas algo, ve a buscarlo, no te quedes esperando.
2. El puente entre tus visualizaciones y tu deseo cumplido es la ACCIÓN que tomas para conseguirlo.
3. Piensa en positivo, visualiza y actúa.
4. Sin acción, no hay consecución.

¡Toma acción, para conseguir tus sueños, sin acción, no hay consecución!!!!!!!!!!

13
Consigue tu zanahoria
Ponle zanahorias a tu vida.

Necesitamos motivaciones que ilusionen nuestras vidas
Esther Sanz

Las personas necesitamos tener metas, objetivos en nuestra vida, que nos permitan levantarnos cada mañana con la ilusión de conseguirlos.

Para conseguir llegar a nuestras metas, debemos de esforzarnos, superarnos a nosotros mismos y eso nos hace crecer, evolucionar como personas, al final nuestro objetivo en la vida es este, superar obstáculos y fantasmas interiores para convertirnos en nuestra mejor versión.

Los objetivos o las metas que queremos alcanzar siempre están fuera de nuestra zona de confort, para conseguirlos hemos de ser valientes para enfrentarnos a los retos y dificultades que inevitablemente encontraremos en nuestro camino hacia el objetivo deseado.

Asociar mentalmente esos objetivos a una recompensa que te ilusione, te va a facilitar el camino hacia tu objetivo, por que, el hecho en sí de conseguirla, ya te motiva.

A esa recompensa yo le llamo **zanahoria**.

Las zanahorias pueden ser de todo tipo, lo que importa es que a ti te motiven, te muevan cada día para ir tras ellas y conseguirlas.

Pueden ser, desde adquirir un artículo que te apasiona, realizar un viaje, salir un fin de semana, ir a cenar, ir al cine, ir de compras, ir a patinar, ir a una playa de ensueño, tener un gato, comerte un helado, tomarte un refresco, disfrutar de un merecido descanso, visitar a un amigo...

Mi consejo es que tú mismo te pongas metas con fecha de caducidad, para que el hecho de conseguirlas sea más concreto dentro de un plano temporal, es decir, no sea eterno, sino que tengas un tiempo límite para conseguirlas.

Esas zanahorias pueden ir asociadas a algo que tú quieras y te represente un esfuerzo conseguir, si lo consigues en el tiempo que te propones, te premias a ti mismo con una zanahoria que te motive.

Por ejemplo, imagina que has visto un vestido que te encanta, pero sabes, que, si no adelgazas, no te quedará bien.

Entonces, preparas un plan de acción que consiste en realizar una dieta y cuando hayas conseguido el peso que tú deseas, como premio te compras el vestido. Tu zanahoria, será el vestido.

Tú mismo eres el responsable de motivarte, de crear retos en tu vida, objetivos que te hagan avanzar.

Recuerdo que, de pequeña, un verano, nos fuimos de vacaciones al Pirineo con mis padres y mi hermana.

Hacíamos excursiones por la montaña, un día, mi padre decidió que un burro nos acompañara en la excursión, ya que mi hermana era pequeñita y se cansaba de tanto andar.

El animal se paraba en todos los márgenes del camino para comer yerba y mi hermana se asustaba, porque cuando el animal bajaba el cuello para comer, a mi hermana le parecía que se iba a precipitar barranco abajo.

Mi padre encontró la solución, llevaba una zanahoria en el bolsillo y cada vez que el animal se paraba, mi padre se colocaba unos pasos por delante de él y le mostraba la zanahoria, de manera que el burro iba tras ella y continuaba su camino sin distracciones.

Fue muy gracioso, la verdad, ver como el animal reaccionaba, en cuanto veía la zanahoria que mi padre le mostraba.

Al final, te das cuenta de que todos necesitamos zanahorias para motivarnos y continuar nuestro camino sin distracciones.

Si las zanahorias no aparecen de forma natural en tu vida, te las tienes que inventar para automotivarte, si no al final la vida se vuelve insulsa, sin ninguna gracia, siempre es la misma rutina.

Esta es una técnica, que, a mí, personalmente me funciona muy bien, te animo a que la apliques en tu vida, porque además cuando consigues tus objetivos y con ellos la zanahoria correspondiente, te sientes muy bien contigo mismo, porque sientes que avanzas hacia donde tú quieres, consigues tu objetivo y obtienes un premio que te motiva como recompensa.

Cuando lo consigues, te sientes realizado, porque ves como vas avanzando ante los retos que te propones, te vas superando cada día a ti mismo para conseguir todo aquello que necesitas y deseas en tu vida.

Al final, esa es la inercia de tu vida, ir cada día a por tus deseos y tus ilusiones, cueste lo que cueste.

Que la inercia de tu vida sea la de ir a por tus sueños, no la de quedarte paralizado ante tus propios miedos.

La peor sensación que podemos tener es la de sentirnos estancados, que no evolucionamos, que siempre estamos en el mismo lugar, que no nos atrevemos a salir de nuestra zona de confort en busca de aquello que anhelamos.

Una vida satisfactoria, es una vida en movimiento, de progreso y de cambio constante.

Es como las aguas de un río, cuando se quedan estancadas demasiado tiempo se pudren y huelen mal.

Cuando consigues que la inercia de tu vida sea la de ir tras tus deseos, vas a por ellos continuamente, ya que esa sensación de ganador que sientes cuando los consigues te engancha y quieres sentirla de nuevo, proponiéndote a ti mismo nuevos retos.

Cada vez que consigues una zanahoria, sea de la medida que sea, te sientes triunfador.

Puede ser una zanahoria grande que te lleve más tiempo de conseguir, quizás un año o más y entre medias puedes ponerte mini zanahorias para irte motivando por el camino.

Por ejemplo, a mí me hacía muchísima ilusión viajar con mi familia a New York, pero era muy costoso.

Desde la empresa madre, para motivarnos, nos pusieron unos objetivos económicos muy ambiciosos, pero a la vez, nada fáciles de conseguir. Así que, en cuanto nos lo plantearon yo me puse manos a la obra, para dar lo mejor de mí e intentar llegar al objetivo. Si lo conseguía podría al final realizar ese viaje que tanto me ilusionaba, y así fue.

¿Te puedes imaginar cómo me sentí cuando por fin pude costear el viaje?

Esa fue una zanahoria grande, no siempre nuestros premios pueden ser del mismo tamaño, en ocasiones también pueden ser menos ambiciosos, por ejemplo: una escapada de fin de semana, hacer una excursión, da igual, busca lo que te motiva y póntelo como premio a un esfuerzo que debas de realizar para conseguir algo que deseas.

Recuerdo que un día hablando con gente de mi entorno, les expliqué mi teoría de la zanahoria, y que me llamaba la atención como había gente que podía vivir sin ningún tipo de aliciente, sin ninguna ilusión, personas a las que les daba lo mismo que fuera hoy, mañana, o la semana que viene, porque para ellas siempre era lo mismo.

Ahora te voy a pedir que dejes de leer y te pongas a pensar zanahorias que te motiven, piénsalo detenidamente y ponles fecha de caducidad, una fecha tope para conseguirlas.

Lo importante es que te motiven de verdad, que solo de pensarlo notes cosquillas en tu estómago, imagínate consiguiéndolas, visualiza como te sentirás.

Una vez hayas hecho tu lista de objetivos, asócialos a una zanahoria que te motive, se trata de encontrar un plan de acción real, de ahora hasta la fecha que hayas establecido, debes organizarte en tu día a día para realizar las acciones necesarias que te lleven a cumplir tu objetivo.

Necesitas un plan de acción y focalizarte mentalmente hacia tu objetivo.

EJERCICIO

Escribe tus 10 próximos objetivos, asócialos a su zanahoria correspondiente y pon fecha límite para conseguirlos.

	OBJETIVO	ZANAHORIA	CADUCIDAD
1			
2			
3			
4			
5			
6			
7			
8			
9			
10			

¡Y a disfrutar de tu zanahoria!!!!!!!!!!!

RECUERDA

1. Automotívate para conseguir tus objetivos.

2. Establece un plan de acción que te conduzca a obtener tus deseos.

3. Recompénsate cada vez que consigas un objetivo.

4. Aprende y disfruta tanto del camino como del resultado.

5. Establece tus objetivos, priorízalos y ve a por ellos.

¡Busca la manera de automotivarte para conseguir todo aquello de deseas en tu vida!!!!!!!

14
Cuerpo o mente
¿Quién crees que realmente lleva la batuta de tu vida?

Las dificultades preparan a menudo a una persona para un destino extraordinario
C. S. Lewis

En la época del Imperio Romano se hizo célebre esta frase:

"Mens sana in corpore sano"

Es decir, mente sana en cuerpo sano.

Aunque el sentido de la frase no era exactamente el mismo que le damos actualmente, esa frase ya la citaban nuestros antepasados romanos.

Necesitamos tener una mente sana para que nuestro cuerpo esté sano, para tener todo lo que necesitas a nivel de abundancia en la vida, es imprescindible que tu mente esté sana a todos niveles.

La clave, para mantener una mente sana, reside en que los pensamientos que la dominan sean positivos.

Nuestra mente tiene un poder inmenso, por lo general, no tenemos ni la menor idea de lo que podemos llegar a hacer a través de nuestra propia mente.

Tu mente es creadora, eso quiere decir que a través de ella creas tu realidad, la cual irá acorde con el tipo de pensamientos que tengas.

Es decir, si tus pensamientos son negativos, tu realidad y tu vida también será negativa, y eso no te permitirá avanzar en tu camino, te sentirás estancado e insatisfecho contigo mismo.

En cambio, si tus pensamientos dominantes son positivos, tu vida también será positiva y abundante. Sentirás como día a día vas progresando, sintiéndote realizado y satisfecho.

Por tanto, **es imprescindible que tus pensamientos sean positivos si quieres tener una vida próspera.**

Pero con eso solo no es suficiente, todos tenemos creencias, albergadas en nuestro interior, en nuestro inconsciente. Tanta importancia tiene los pensamientos que tenemos, como las creencias que poseemos.

¿Qué es una creencia?

Es una idea o pensamiento que se asume como verdad, puesto que se ha repetido tantas veces a lo largo del tiempo, que ha quedado grabada en el inconsciente como una verdad inamovible.

Cuando en la vida te aparece alguna situación relacionada con esa creencia, reaccionas según la información que tienes almacenada, ni tan siquiera te lo planteas, das por buena la información interiorizada que tienes asociada a esa creencia, es como una reacción automática, tu cuerpo directamente reacciona según la información que tiene almacenada de esa creencia, no hay ninguna otra posibilidad de reacción, por mucho que tú lo quieras evitar.

La única forma de tomar consciencia de nuestras creencias es recuperarlas de forma consciente, y analizarlas una a una con tiempo y detenimiento.

Analizar, por qué opinas depende de qué, de un tema en concreto, de dónde te ha venido esa información, y después rebatirla con tus nuevos argumentos, para así dejar a la antigua como obsoleta.

Te pongo algunos ejemplos de creencias:

Si a ti de pequeño siempre te decían que no eras una persona físicamente agraciada, debido a que llevabas gafas o tenías sobrepeso, si tus amigos del colegio se reían de ti por tu aspecto físico, seguramente tendrás una creencia inamovible, que dice que tú no eres una persona atractiva para los demás.

Tienes una CREENCIA relacionada con este tema almacenada en tu disco duro.

Aunque de eso ya haga muchos años, tú internamente tienes esa inseguridad dentro de ti, y cada vez que te tienes que enfrentar a un nuevo reto, basas el desarrollo presente o futuro de los acontecimientos en esa experiencia negativa, creyendo cosas de este tipo:

"No les agradaré lo suficiente, otras personas más agraciadas que yo físicamente conseguirán el trabajo, nunca consigo mejorar mi imagen exterior".

Imagínate además que, si cuando tus compañeros de clase se metían contigo, tú te ponías a tartamudear por lo mal que lo estabas pasando, es decir, tu cuerpo también reaccionaba negativamente ante esa situación, lo que ocurrirá es que, cada vez que revivas una situación de inseguridad, seguramente tu inconsciente provocará que te pongas también a tartamudear, no lo podrás controlar, es tu cuerpo reaccionando automáticamente a la información de una creencia almacenada en tu disco duro.

Y aunque tú sabes que eso te va a ocurrir, y ya prevés que te toca pasar por una situación que te va a incomodar. Aunque intentes conscientemente que no te ocurra, es decir, intentas no tartamudear, no podrás controlarlo, es una respuesta automática de tu cuerpo ante esa situación.

Solo lo podrás solucionar desde tu interior, analizando el contenido de la creencia que te produce este efecto somático.

> Tu cuerpo reacciona de forma automática, según la información que recibe de tu mente.

Tú mismo, te tienes que dar cuenta de que esa información ya no tiene ninguna validez para ti, de que eso que te habían dicho, tú ya no lo crees y de que tú eres muy capaz de hacer lo que quieras en tu vida.

Eso sí, te lo tienes que creer de verdad, si lo dices o lo piensas, pero tu corazón en el fondo cree que eso no es cierto, tampoco lo superarás, **deben ser tu mente y tu cuerpo al unísono los que estén convencidos de que esa antigua información no es correcta**.

Si realmente hay ese acuerdo entre cuerpo y mente, tu creencia antigua quedará anulada por la nueva, creencia que irás reforzando día a día con tus nuevos pensamientos positivos, quedando almacenada correctamente en tu disco duro.

Realmente, funciona como un ordenador, que un día deja de funcionar o va muy lento por el exceso de información que se ha almacenado en su interior a lo largo del tiempo.

La única forma posible de que vuelva a funcionar es resetear el ordenador, cuando lo hacemos casi siempre perdemos la información que ya teníamos en nuestro PC, pero aun así debemos hacerlo para que nuestro ordenador funcione correctamente. Una vez hecho, ya podemos guardar la nueva información actualizada en nuestro ordenador para poder trabajar. Con las creencia limitantes y obsoletas de tu mente debes hacer exactamente lo mismo.

Piensa en aquellos aspectos de tu vida que crees que se te resisten, cada uno tenemos los nuestros.

Por ejemplo: tener una pareja estable, abundancia económica, relaciones sociales, realización personal, buena salud, buen aspecto físico…

Entonces, trata de rescatar del baúl de los recuerdos de tu mente, toda la información referente a esos aspectos de tu vida. Tómate tu tiempo. Pregúntate:

¿Qué es lo que piensas realmente referente a ese tema?

¿Qué es lo que has oído toda tu vida referente a ese tema?

¿De quién o de dónde te venía esa información?

Cuando hayas conseguido la información de tu interior, valídala, reseteála, ponla al día y refuérzala día a día con tus nuevos pensamientos positivos referente a ese tema.

Necesitas analizar todas tus creencias limitantes y actualizarlas con la verdad.

En mi caso, debido al comportamiento de mi educadora de infancia, durante algún tiempo me infravaloré, además muchos de mis compañeros de clase eran estudiosos y aplicados, sobre todo las niñas. Yo en cambio era un puro nervio, me costaba un mundo centrar mi atención y mantenerme quieta en un mismo sitio durante demasiado tiempo.

Analiza tus creencias detenidamente y actualízalas con la verdad.

Si en esos momentos hubiese existido el diagnóstico de lo que actualmente, se conoce como TDAH (Trastorno deficitario de atención e hiperactividad), a mí me lo hubiesen diagnosticado con toda seguridad.

En esos momentos, me sentía diferente de las demás niñas, me aburría en clase, y me costaba tener que hacer siempre las mismas cosas, sin ninguna variación, ni diversión, ni aliciente.

Por otra parte, era entusiasta, creativa, rápida, energética, siempre tenía ideas y proyectos nuevos en mi mente.

¿Recordáis a Pipi Calzas largas?

Era mi ídolo, me encantaba, para que os hagáis una idea, mis compañeras de clase eran como Anita, la amiguita sensata, aplicada, estudiosa y tranquila de Pipi.

¡Y yo quería ser como Pipi!!!!!!

Continué mis estudios porque era lo que tocaba y lo que se tenía que hacer.

Con el tiempo creé mi primera empresa y al cabo de tres años aproximadamente creé la segunda.

De vez en cuando nos reuníamos de nuevo con los antiguos compañeros de clase, era patente para mí que algunos de ellos habían quedado afectados por sus creencias infantiles, las cuales les limitaron para conseguir sus sueños. Estaban también, las niñas estudiosas, "las Anitas", que sacaban buenas notas en el colegio, la mayoría, en la actualidad trabajan para otros, con trabajos y sueldos correctos.

Recuerdo que en una ocasión una de ellas me dijo:

"Caramba Esther, con lo mal que te iba en el colegio y ahora mírate, has creado con éxito tus propias empresas".

De todo eso deduje, que está muy bien estudiar, pero con eso solo no vas a asegurarte un futuro prometedor, ni un trabajo en el que te sientas plenamente realizado.

Necesitas de otras cualidades para tener éxito y abundancia, si quieres convertirte en un emprendedor, necesitas ser enérgico y entusiasta, tienes que ser capaz de seguir adelante con tus sueños aun teniendo obstáculos.

Ahora mismo, me siento encantada de ser como soy y de tener las cualidades que tengo, creo que soy afortunada de ser así de forma innata, algo infantil, entusiasta, enérgica, con proyectos constantes en mi vida.

¡Nada de aburrimiento en mi vida y nada de estar siempre con lo mismo!!!!

He aprendido que en la vida todos tenemos nuestras bendiciones o habilidades y nuestros defectos o limitaciones.

Existen muchos tipos de inteligencia, cuando yo era pequeña la creencia generalizada de la sociedad era que sin estudios no harías nada en la vida, que serías un fracasado. Era el único tipo de inteligencia que importaba, las demás era como si no existieran. Si no eras aplicado en los estudios, ya no tenías nada que hacer en la vida.

Por eso todo el mundo, padres y profesores insistían tanto con lo mismo.

Ahora en perspectiva, veo que eso era una creencia errónea y por eso ya hace mucho tiempo que no está en mi mente.

La actual creencia está reseteada, es positiva y eleva mucho mi auto estima, porque además experimento día a día todas las capacidades que tengo para conseguir lo que quiero en la vida.

Veamos otro ejemplo de creencia errónea:

Tus padres pasaron por momentos de escasez económica, y eso representó dolor para la familia.

Los comentarios que oías constantemente de tus seres queridos y que eran tu único referente de la verdad absoluta durante todos esos años eran negativos respecto al dinero, tú asociaste, por tanto, dinero con dolor, o con no ser buena persona si lo tenías, o que no es bueno desear tener dinero, puesto que se te consideraría que eres una persona materialista.

Así que si no reseteas esa creencia, por mucho que te esfuerces y lo desees, tu vida jamás será económicamente abundante, ya que tu mente inconsciente lo rechaza, porque lo asocia al dolor y cree que es perjudicial para ti, es decir, que si tienes dinero te convertirás en mala persona.

> Detecta y reprograma tus creencias limitantes de tu inconsciente.

El dinero te da la libertad para hacer lo que quieras, además de vivir cómodamente, puedes viajar, y eso te ayuda a crecer como persona, porque conoces gente nueva y otras formas de vivir y de pensar.

Elimina cuanto antes de tu inconsciente la creencia que tener dinero es malo, porque cuanto más tiempo tardes en hacerlo, más tardarás en manifestar en tu vida la abundancia económica que deseas.

Así pues, necesitamos mantener pensamientos positivos en nuestra mente y analizar las creencias inconscientes limitantes que cada uno de nosotros tengamos instaladas en nuestra mente.

Las palabras son nuestros pensamientos saliendo a flote, expresándose desde nuestro interior según nuestros pensamientos y creencias. Las palabras son el vehículo de nuestra mente para manifestarse en el exterior.

Por tanto, las palabras, son tan creadoras de nuestra realidad como nuestros pensamientos.

Así que ojito con lo que dices, en todo momento, porque lo puedes ver manifestado en tu vida.

En función de tus pensamientos y la manera que tienes de expresarlos en el exterior mediante las palabras, emites una vibración elevada o una vibración baja a tu entorno.

Las vibraciones se atraen entre ellas, de modo que si son iguales se atraen para vibrar juntas.

Todo es energía, el Universo es energía, todo vibra: las personas, las cosas, las situaciones, los estados de ánimo, todo es energía vibrando.

Así que, si quieres atraer las cosas que te gustan y deseas a tu vida, tienes que vibrar como ellas, vibrar en positivo y cuanto más mejor.

Recuerda que las personas que tienes en tu entorno pueden modificar tu vibración, si tienen una vibración baja te la pueden bajar a ti.

En la actualidad hay investigaciones recientes que respaldan la idea de que todos tenemos una capacidad natural para cambiar el cerebro y el cuerpo a través del tipo de pensamientos que tengamos.

El cuerpo cree lo que la mente le dice, sin plantearse objeciones, obedece según la información recibida por la mente y actúa en consecuencia.

La manera más eficaz que tenemos de entrar en nuestro inconsciente y realizar cambios reales y permanentes es a través de la MEDITACIÓN.

En el segundo tomo de la trilogía: "Disfruta hoy de la vida que soñaste ayer" te hablaré más sobre la meditación y te mostraré técnicas para que la puedas poner en práctica.

No te conformes con tu realidad actual, con tu vida, si la quieres mejorar, lo puedes hacer, todos tenemos esa capacidad de modificar nuestra realidad modificando nuestros pensamientos actuales.

Elige el cambio como elección propia, no como reacción inevitable, a una situación dolorosa que te obliga a cambiar.

Durante siglos las ideas de pensadores como Descartes o Newton prevalecieron en las sociedades de esas épocas. Según estos pensadores la realidad está predeterminada, nosotros no podemos influir en los resultados de nuestra vida, ni en nuestro destino que está escrito desde que nacemos. Según las teorías de estos pensadores todos somos **VÍCTIMAS** de las situaciones que vivimos.

Pero en 1905, Albert Einstein formuló la siguiente ecuación para explicar su teoría de la Relatividad:

$$E = m \cdot c^2$$

Einstein demostró que la energía y la materia están tan ligadas que son prácticamente lo mismo.

Esta teoría revolucionaria contradecía la de Newton y Desacates. Estábamos frente a un cambio de paradigma, necesario para que la humanidad evolucionase.

¿Qué significa todo esto para nosotros como humanidad?

Si durante mucho tiempo se había tomado la primera teoría como cierta, no es tan fácil para el ser humano, cambiar sus antiguas creencias inconscientes por las nuevas.

Además, no es solo lo que hemos aprendido en este mundo, lo que nos condiciona, también está la parte genética del asunto. Igual que heredamos ser altos, bajos, delgados, el color de los ojos o del pelo… también heredamos patrones de creencias de nuestros antepasados, así que algunas de nuestras creencias vienen incorporadas a nuestros propios genes.

La energía responde a la atención, es decir, crearás la realidad de aquello a lo que tú le prestes atención.

Esto es básicamente lo que proclamaba la teoría de Einstein, es decir, que la energía influye y modifica la materia, por tanto, la realidad.

Si prestas atención continua a comprarte un coche (energía) te lo acabarás comprando (materia), pero si le prestas atención a tener una enfermedad (energía), también la acabarás padeciendo (materia).

En el campo cuántico existen todas las posibilidades futuras que puedes vivir, tú desde el presente tienes que seleccionar cuál quieres vivir, prestándole atención.

Tienes que decidir en el presente que "Yo" quieres ser en el futuro, puedes elegir si quieres ser el abundante en todos los aspectos, el realizado, el feliz, o por el contrario puedes elegir ser tu "Yo" perdedor, fracasado e infeliz.

Tienes que aprender a mejorar tu capacidad de observación, de prestar atención, para afectar a tu destino. Si lo consigues, estás en el camino de convertirte en el futuro, en tu "yo" ideal, en tu mejor versión.

Recuerda que tienes que seleccionar a que SÍ le prestas atención y a que NO constantemente.

Siempre, sin excepciones, porque dónde pones tu atención pones tu energía y te conviertes en creador de aquello a lo que le prestas atención. Es decir, lo materializas.

Os expliqué que durante unos años de mi vida tuve pánico a padecer crisis epilépticas, como que eso era mi mayor preocupación y era también a lo que yo más le prestaba atención, pues tenía crisis muy a menudo, aunque me medicara.

En el momento que dejé de prestarle atención desaparecieron de mi vida como por arte de magia, y además sin tomar medicación.

Cuando perdí el miedo y entendí que me las provocaba yo, con un entendimiento real entre mi mente y mi corazón dejé de padecerlas.

Había aprendido esa lección, ya no hacía falta que me volviera a examinar otra vez de la misma materia, ya había aprobado otra asignatura pendiente de mi vida y podía pasar de curso.

Atraes a tu vida aquello a lo que le prestas atención, indistintamente de si le prestas atención porque es un problema o un miedo y no lo quieres en tu vida, como si es una ilusión, algo bueno para ti.

> La atracción no tiene filtros, atrae lo bueno y lo malo indistintamente hacia tu vida.

Está claro que podemos influir en nuestro futuro, ¿pero te has preguntado si también podemos influir en nuestro pasado?

La ciencia dice que los seres humanos estamos hechos de partículas, estamos implícitamente conectados más allá del espacio y del tiempo.

Hay un experimento realizado por un médico israelí que demuestra que nuestras intenciones y pensamientos, no solo afectan a nuestro presente o futuro, sino también nuestro pasado. En una de las pruebas realizadas en el año 2000 se hicieron dos grupos de personas infectados por el mismo virus.

A un grupo se les dijo que rezaran y a los otros no. Se trataba de investigar si el hecho de rezar les hacía tener distintos resultados en sus enfermedades.

Se comprobó como la mente afecta a la materia desde lejos, ya que los pacientes que rezaron se recuperaron antes que el grupo que no lo hizo.

Pero lo más alucinante del experimento, es lo siguiente: las personas que rezaron, sin saberlo, lo hicieron para personas que habían estado en el hospital entre el año 1990 y 1996, entre cuatro y diez años antes del experimento.

Los pacientes objeto de las oraciones mejoraron en la década de 1990 por el experimento realizado varios años más tarde.

Con lo que se demostró que nuestros pensamientos, intenciones y sentimientos no solo afectan nuestro presente y nuestro futuro, sino también nuestro pasado.

Otro aspecto muy importante para crear una realidad determinada en nuestra vida es que debemos enviar una señal conjunta y coherente desde nuestra mente y nuestro corazón. Porque los pensamientos proceden de la mente y deben de estar alineados con los sentimientos que provienen del corazón, del cuerpo, si además tus pensamientos son claros y centrados en el objetivo que quieres alcanzar a la vez que hay una alta intensidad emocional, emites una señal electromagnética que te atrae hacia esa realidad que coincide con tu deseo, vibras con alta intensidad.

Por ejemplo, deseas un trabajo con todas tus fuerzas, pero, desde tu interior, desde tu corazón y tus sentimientos sientes que no estarás al nivel, en realidad te sientes incapaz de realizarlo. La señal que estás enviando es confusa, estás pensando una cosa y sintiendo otra muy distinta, no eres coherente, por tanto, no atraes la realidad que deseas.

No debes obsesionarte con el resultado que deseas, en el "como" se manifestará.

Recuerda que el Universo siempre quiere mantener el equilibrio, tú eres energía, como todo el Universo, si centras tu atención de forma excesiva en un punto, haces que el péndulo empiece a moverse justo hacia la otra dirección que tú deseas, ya que el péndulo siempre busca el equilibrio.

Por tanto, piensa en positivo, desea aquello que quieres conseguir, visualízalo, pero no te obsesiones con el resultado, ni en como llegará a ti tu deseo, para que el péndulo no se desestabilice.

Por ejemplo: en el caso anterior, quieres encontrar un nuevo trabajo dónde tengas mejor sueldo y te puedas sentir más valorado y realizado.

Piensas en el nuevo trabajo, lo visualizas, actúas yendo a entrevistas y además te mentalizas de que si no lo consigues serás feliz igual porque tú en realidad ya tienes un trabajo.

Tienes que agradecer el resultado que quieres obtener antes de conseguirlo, debes de hacer un acto de fe.

Recuerda que además de agradecer lo que deseas antes de que haya ocurrido en tu vida, también debes de sentir las mismas emociones que sentirías si ya fuera real.

Visualízalo con todos los detalles que te sea posible, como si fuera una película de la realidad que deseas, regocíjate imaginándotelo con todo lujo de detalles, sensaciones, emociones, sentimientos, disfruta como si ya lo estuvieses viviendo en tu vida.

Por otra parte, también debes de tener en cuenta que cuando a lo largo de tu vida te has acostumbrado a pensar y sentir de una manera determinada, esos pensamientos que por repetición acabaron siendo creencias, al final acaban formando parte de tu personalidad.

Cuando tenemos esos hábitos tan adquiridos, decimos que el cuerpo se convierte en mente.

Es el cuerpo quien domina a la mente.

Nuestra mente es un 5% mente consciente y un 95% mente inconsciente, es decir, en esa proporción nuestra mente está dirigida por programas automáticos inconscientes.

Cuando vivimos en la inconsciencia, nos dejamos llevar por los hábitos, no somos conscientes de lo que pensamos, hacemos o sentimos.

Tenemos programas inconscientes automáticos almacenados en el cuerpo.

Si, por ejemplo, normalmente tienes pensamientos de culpabilidad, tus células cada vez necesitan una dosis más alta de culpabilidad para activarse.

Te vuelves adicto al sentimiento de culpa, tu cuerpo necesita una dosis más alta de sentirse culpable para activarse, es como una droga.

El cuerpo se vuelve adicto a las sustancias químicas que desprende el sentimiento de la culpabilidad.

Aunque tú decidas tener mejores pensamientos, es decir, dejar de culparte, y no tener más ese tipo de pensamientos a los que tienes a tu cuerpo acostumbrado, este te los pide porque se ha acostumbrado a vivir con ellos. Cuando dejas de hacerlo, te resulta extraño, lo familiar para ti es tener ese tipo de sensación. Tu cuerpo intentará convencer a tu mente como sea, para que le vuelva a enviar ese tipo de pensamientos de culpabilidad a los que está acostumbrado.

Nos volvemos adictos a nuestros estados químicos habituales.

Ahora es el cuerpo el que manda a través de las emociones memorizadas, es como si la mente estuviese dormida.

Cuando la mente consciente quiere recuperar el control de la situación, resulta que solo controla un 5%, el 95% restante funciona con programas inconscientes automáticos, así que un solo pensamiento fortuito o un estímulo exterior hace que se active de nuevo el programa automáticamente.

Cuando intentemos cambiar de forma consciente nuestros pensamientos, nuestro cuerpo indicará al cerebro que no debemos realizar ningún cambio en nuestras vidas que ya estamos bien así.

Por ejemplo, alguien que está acostumbrado a emitir juicios de valor acerca de los demás, es como una diversión, forma parte de su vida.

Cuando lo hace, su mente envía la información al cuerpo y este desprende sustancias químicas a las que ya está habituado, eso quiere decir que esta persona está enganchada a esa sensación.

El día que decide cambiar y no hacerlo más, porque al final, es consciente de que también es contraproducente para él mismo, el cuerpo se revela a no obtener la sensación de experimentar más esas sensaciones.

Cada vez que le viene un comentario de juicio referente a alguien a la mente de forma automática, le representa un esfuerzo importante apartarlo de su mente.

Es algo parecido a dejar de fumar, tienes que esforzarte cada día, para no caer en la tentación y superar los estados de adicción.

Así que para tener otros resultados de los que tienes ahora en tu vida te tienes que reinventar, entrar en tu inconsciente y reprogramarlo.

Para cambiar tu personalidad necesitas cambiar tu estado del ser, el cual está íntimamente conectado con los sentimientos que has estado memorizando a lo largo de los años. El sistema operativo de tu inconsciente está impregnado de emociones negativas.

Así que además de tener pensamientos positivos, también debes de tener sentimientos positivos, recuerda cuerpo y mente deben ir a la una.

También debes conocer la importancia de vivir en el presente.

Cuando vivimos en el presente, estamos viviendo el momento, podemos ir más allá del espacio y del tiempo, y hacer realidad cualquiera de esas posibilidades, en cambio sí vivimos en el pasado no existe ninguna de esas posibilidades.

Si te quedas anclado en tus historias del pasado, vas reviviendo esas emociones negativas ocasionales con cada pensamiento de esa historia de tu pasado, de tanto hacerlo y experimentar ese tipo de emociones, estas ya no son un estado de ánimo puntual, están tan arraigadas en ti que ya forman parte de tu propia personalidad.

La mayoría de las veces nuestra personalidad está anclada en el pasado, por tanto, para cambiar nuestra personalidad, debemos de cambiar nuestras emociones memorizadas.

Por ejemplo, si has sufrido una separación o un divorcio doloroso, debes aprender a pasar página, perdonándote a ti y a las demás personas afectadas. Puesto que de lo contrario vivirás tu presente recordando y sintiendo nostalgia de tu pasado, culpabilizándote y sintiendo emociones negativas constantemente: rabia, celos, rencor, ira… esas emociones no son buenas para ti, no te permiten avanzar, estás viviendo el presente anclado en tu pasado. Si revives ese tipo de emociones de forma repetida a través de tus pensamientos, aca-

baran formando parte de tu personalidad.

Cuando inicies una nueva relación, vivirás con el temor de lo que te sucedió en el pasado con tu expareja.

Así que, en lugar de obsesionarte con una situación traumática que temes vivir en el futuro, basándote en experiencias del pasado, **obsesiónate con una nueva experiencia deseada que quieras vivir en tu futuro,** visualízala como si fuese real, siente las emociones que conlleva, permítete vivir ese futuro que anhelas en el presente con todo lujo de detalles.

Aprende a controlar pensamientos y emociones para conseguir en tu futuro la vida que deseas tener.

Tienes que practicar sin parar hasta que lo consigas y lo hagas sin pensar, de forma automática.

Todo lo que te explico necesita de mucha práctica diaria, voluntad y esfuerzo, como todo lo que vale la pena en esta vida. Pero recuerda que la recompensa que recibes a cambio es tener la vida que deseas.

¿Crees que merece la pena el esfuerzo? ¿Si otros lo han hecho, por qué no lo haces también tú?

RECUERDA

1. Pensamientos positivos = mente sana.
2. Mismo pensamiento repetido = creencia.
3. Actualiza tus creencias limitantes.
4. La palabra es la voz de tus pensamientos.
5. Los pensamientos y las palabras son creadores de realidad.
6. Meditación: realizar cambios reales en nuestro inconsciente.
7. Crearás la realidad de aquello a lo que le prestes tu atención.
8. Visualízalo, sin obsesionarte para no desestabilizar el péndulo.
9. Agradécelo antes de conseguirlo.

¡Tú, solo sigue las pautas que otros ya han seguido y vive la vida que deseas!!!!!!!!

15
El Sol sale para todos
Todos tenemos oportunidades en la vida.

> *Las oportunidades son como los amaneceres.*
> *Si esperas demasiado tiempo, las hechas de menos*
> **William Arthur Ward**

Cada uno de nosotros llegamos a este mundo dotados de ciertas habilidades o talentos y a la vez, de ciertas "carencias", pero todos podemos conseguir NUESTROS SUEÑOS si nos lo proponemos.

Por ejemplo, una persona puede ser muy hábil a la hora de jugar al fútbol y en cambio muy inepto a la hora de realizar un dibujo.

De hecho, esos talentos y esas carencias que todos poseemos forman parte del juego. Debemos de esforzarnos más para obtener resultados óptimos en aquellas tareas que están relacionadas con una carencia, que en aquéllas que lo están de una habilidad. Aun así, el sol sale cada día para todos, es decir, todos tenemos oportunidades para conseguir nuestros sueños en esta vida.

El tema no es si surgen oportunidades, sino más bien, si las sabemos detectar y aprovechar correctamente. Eso dependerá únicamente de nuestra ACTITUD y de nuestra MENTALIDAD.

De hecho, nuestra APTITUD será muy importante a la hora de alcanzar nuestras metas, pero lo será mucho más la ACTITUD que mostremos ante los retos que se nos planteen.

¿Qué es la APTITUD? Es el conocimiento o la capacidad de una persona para desarrollar cierta actividad.

¿Qué es la ACTITUD? Es la forma de actuar, o el comportamiento de una persona a la hora realizar una determinada actividad.

> Tener una buena APTITUD para afrontar retos es muy importante, pero lo es mucho más tener una buena ACTITUD.

Por ejemplo, una persona que tiene facilidad para memorizar y asimilar contenidos académicos, podemos decir que dispone de una buena APTITUD para los estudios. Pero si esa persona no realiza sus deberes y tareas de forma regular tal y como se le indica que lo debe de hacer, estará mostrando una mala ACTITUD con sus estudios.

Probablemente, mientras los contenidos le sean fáciles de asimilar, con su APTITUD, le será suficiente para salir airoso de las pruebas o exámenes que realice para medir sus conocimientos en la materia. Pero si no consigue disponer de una buena ACTITUD, realizando sus tareas a diario, siendo disciplinado y adquiriendo buenos hábitos, llegará un día en el que únicamente con la APTITUD de la que dispone, no le será suficiente para superar con éxito los exámenes de la materia, puesto que carecerá de la ACTITUD adecuada.

Un ejemplo de buena ACTITUD, serían los atletas paralímpicos. Estas personas tienen una ACTITUD admirable ante los retos. Son un ejemplo a seguir para todo el mundo.

Así pues, para detectar y aprovechar correctamente las oportunidades que nos conducirán a conseguir nuestros objetivos, debemos de tener una MENTALIDAD POSITIVA y a la vez una buena ACTITUD.

Vamos a recordar las claves de la mentalidad positiva:

1. Controlar que los pensamientos que tengamos sean positivos.
2. Visualizar nuestro objetivo conseguido con todo lujo de detalles.

3. Sentir emociones positivas acordes a nuestros pensamientos.
4. Emitir vibraciones altas que concuerden con las propias vibraciones de nuestro objetivo.
5. Controlar las conversaciones que mantenemos con los demás.

Como ya sabes, para mantener una mentalidad positiva debes de conseguir controlar tus pensamientos a cada instante, para que estos sean positivos.

Si consigues que tu *mente se centre* solo en aquello que deseas a cada momento, **visualizando** el mayor tiempo posible escenas en las que se cumplen tus sueños, con todo lujo de detalles, llegando incluso a poder: sentir, tocar, oler la situación, a la vez que **te sientes eufórico** por estar viendo tus objetivos cumplidos, **estarás muy cerca de conseguir todos tus sueños.**

La idea es que tu mente crea que tu **visualización** es real y que ya existe en tu vida.

Podrás comprobar que visualizas correctamente, cuando aquello que hayas visualizado se materialice. En ocasiones, puede tardar meses en hacerlo, pero a veces es prácticamente instantáneo. Todo dependerá de ti.

Por ejemplo, hace unos días me estaba planteando la posibilidad de pernoctar en el hotel en el que Laín realizará su próximo evento, ya que, aunque vivo a una media hora en coche del hotel, los compañeros estaban preparando una cena para el día antes del evento.

Así que llamé al hotel para reservar habitación, pero me dijeron que estaba todo el hotel completo. Aun así, lejos de desanimarme, estuve toda la tarde visualizando el hotel, la habitación, la cama, el color de las paredes, la luz de la habitación, incluso me imaginaba compartiendo la habitación con alguna compañera, podía ver como hablábamos, nos reíamos, disfrutábamos de estar juntas de nuevo, podía sentir incluso que en la habitación hacía calor, oía el ruido de los coches que pasaban por la calle... Me lo imaginé de una forma tan real, que era como si estuviera presente en la habitación, me sentía feliz.

Llamé al hotel para preguntar si les quedaban habitaciones libres, más o menos a las seis de la tarde. Ese mismo día justo antes de acostarme, recibo un WhatsApp de una compañera del evento anterior. Me decía que había reservado una habitación en el mismo hotel en el que Laín realizaba el evento, pero que a una de las chicas con las que compartía habitación, le había surgido un contratiempo de última hora que le impediría asistir. Por lo que tenía una cama libre en su habitación.

En esta ocasión, mi visualización solo tardó unas horas en materializarse.

¿Te ha ocurrido también a ti algo parecido alguna vez?

Si tu respuesta es afirmativa, te confirmo que sabes visualizar correctamente.

La verdad, es que imaginar aquello que deseo, es algo que siempre he hecho, me encanta, disfruto haciéndolo, me siento genial. Lo hacía incluso antes de saber que mis visualizaciones podían convertirse en realidad. Me imagino que lo que deseo es real, de tal manera, que mi mente ya no distingue entre realidad y ficción, enviando a mi cuerpo las mismas emociones que experimentaría si mi deseo fuera una realidad.

Como sabéis el título de este libro es precisamente: "Deséalo hoy, vívelo mañana". Mi intención al escribirlo era que todo aquel que leyera el libro fuera capaz de llegar a visualizar correctamente. Tal y como habéis visto, si sois alumnos aplicados lo podréis materializar en poco tiempo.

Aunque si no es así, tampoco pasa nada, vamos a ir paso a paso, lo importante es empezar a notar cambios positivos en nuestra vida por pequeños que sean.

Por ejemplo: ¿Te ha ocurrido alguna vez, que te viene una persona a la mente, a la que hace mucho tiempo que no veías, y al poco tiempo te reencuentras físicamente con ella?

En alguna ocasión, yendo por la calle he visto a alguien que me recordaba a una persona que hacía muchísimo tiempo que no veía, y al cabo de unos minutos esa persona se cruzaba en mi camino. ¿Te ha ocurrido también a ti alguna vez?

En el trabajo, mi compañera, me llamaba con cariño "la bruja", eso era porque a lo mejor hacía un año o más que alguno de mis clientes no venía físicamente a la oficina, pero era hacerle ese mismo comentario a mi compañera y al cabo de poco tiempo esa persona entraba por la puerta. Mi compañera alucinaba y yo me sonrojaba, porque era realmente increíble, y esto no me sucedía ni una, ni dos veces, sino muchísimas.

¿Qué es lo que ocurría en realidad?

Que yo misma al visualizar a esa persona en mi mente, la estaba llamando, yo creaba la situación que visualizaba en mi mente y esta persona "aparecía" físicamente delante de mí.

En alguna otra ocasión, esa persona no venía personalmente a la oficina, pero el teléfono sonaba y era ella quién llamaba. Lo mismo podemos hacer con nuestros sueños.

Primero empiezas con cositas pequeñas, pero cuando ves que dominas la técnica, lo acabas haciendo con cosas más grandes. Recuerda que somos los creadores de nuestra realidad.

Somos los creadores de nuestra propia realidad.

Primero tienes que ser consciente de tu poder creador, y practicar mucho, hasta que veas resultados, ahora mismo eres aprendiz de brujo, a lo mejor quieres que aparezca un príncipe o una princesa y aparece una rana, tu insiste, no te desanimes, eso solo quiere decir que no visualizas correctamente.

Recuerda que tienes que hacerlo con todo lujo de detalles, como si ya fuera real.

Conforme vayas dominando la técnica, te vas a sentir más fuerte, porque descubrirás que quién crea tu vida eres tú y solo tú, no dependes de las circunstancias, ni de nadie más, solo dependes de ti mismo, ¡y eso es una muy buena noticia!!!

Eso te va a dar tranquilidad y en consecuencia te va a hacer sentir muy bien contigo mismo, porque estarás avanzando, en consecuencia, tu VIBRACIÓN, subirá de nivel.

Entonces tus emociones, serán la mayoría del tiempo de alta vibración, eso significará, que tú te sentirás contento, ilusionado, entusiasmado, feliz, y el milagro, es que cuando te sientes así, emites unas señales invisibles que hacen que atraigas a tu vida todo aquello que emite la misma vibración que tú.

> Funcionas como un imán, atrayendo a tu vida todo lo que vibra en la misma intensidad que lo haces tú.

Es algo así como sintonizar una emisora de radio, tú desde tu aparato de radio solo puedes sintonizar con aquellas emisoras que emiten tu misma frecuencia.

Así pues, tu obligación, tu trabajo diario, antes que ninguna otra cosa, es conseguir mantener el máximo tiempo posible en tu día a día una vibración alta, indistintamente de las circunstancias exteriores que en ese momento tengas en tu vida.

Otra tarea importantísima que debes hacer contigo mismo, es **ESCÚCHATE** cuando hablas, ser consciente de qué es lo que dices, y tú mismo al oírte te vas corrigiendo, o simplemente, cuando vas a decir depende de qué, te paras y piensas:

¿Vale la pena?

¿En qué nivel vibratorio me voy a quedar por decir depende de qué?, ¿qué me va a representar a mí?, ¿me va a ayudar a avanzar o al contrario?, ¿bajaré de nuevo mi vibración por debajo del nivel que está ahora mismo?

Debemos de estar en alerta permanente, puesto que prácticamente cada día oímos conversaciones de otras personas, en ocasiones nos invitan a participar de ellas, muchas veces el contenido de esa conversación es de juicio de valor, de crítica a terceros, o de queja por la vida que ellos mismos tienen:

"¡Unos tanto y otros tan poco!", "¡mira cómo viven estos!!!", "¡yo tanto trabajar, para vivir sin poderme permitir ningún capricho!", "¡de pobre nunca se sale!", "¡los ricos no tienen escrúpulos!", "¡estamos en crisis, la gente no tiene dinero!", "¡cada vez vamos a peor!"

Estos podrían ser algunos ejemplos.

¿Qué tipo de vibración crees que emiten esas personas?

¿Si fueran una radio y quisieran conectar con alguna emisora, que frecuencias crees que captarían?

Únicamente las emisoras que ellos permiten que entren en su vida y que están al mismo nivel vibratorio que están ellos.

Es decir: escasez económica, mala salud, malas relaciones personales con sus amigos y familiares, un trabajo que no les permite sentirse realizados, un trabajo desempeñado solo para conseguir dinero pero que no les satisface plenamente, bajo estado anímico…

Todo esto los lleva a tener emociones de tristeza, pena, frustración, a sentirse mal consigo mismos, y a creer que nunca serán capaces de tener una vida mejor.

Así pues, el tipo de MENTALIDAD de esas personas se va retroalimentado, porque si hablan de ese modo, es porque lo piensan, y eso hace que se sientan mal consigo mismos, en consecuencia, emiten una vibración baja que hace que en su vida solo atraigan situaciones y personas que no les satisfacen.

Si en algún momento te encuentras con este tipo de situación, no te involucres, porque al final todo se pega y acabarás emitiendo la misma vibración de baja intensidad que predomina en ese ambiente.

¿Qué es lo que les deberíamos aconsejar a esas personas que hicieran para cambiar su vibración?

Primero, tomar la decisión de querer cambiar su vida, pero de verdad, con lo que eso representa.

Segundo, comprendiendo que tienen que reprogramar su mente, porque si continúan pensando y sintiendo como hasta ahora, continuaran con esa misma vibración, atrayendo a su vida todo aquello que no desean.

Tercero, cambiando su ACTITUD ante los acontecimientos de la vida, no pueden QUEJARSE constantemente por todo lo que les sucede. Están actuando como VÍCTIMAS de las situaciones.

Cuarto, constatar que viven la vida para ellos, no para los demás. Cualquier persona para sentirse bien consigo mismo debe de aprender a aceptarse a sí mismo y a respetarse, para que los demás también lo hagan, es decir, no estamos aquí, para consumir, para mostrarle al vecino que somos muy felices y que nos hemos comprado un coche nuevo, un televisor de 50 pulgadas y que nos vamos de vacaciones cada verano.

Y con ello, no quiero decir que si puedes y te apetece lo hagas, pero hazlo para ti, de puertas para adentro, no para impresionar, ni demostrar nada a nadie.

Tienes que vivir para ti, para conseguir lo que tu deseas. No necesitas estar pendiente de lo que dicen, opinan, hacen o creen de ti los demás. Cuando consigas aquello que deseas gracias a tu esfuerzo, disfrútalo con naturalidad. ¡¡Te lo mereces!!

Las personas que necesitan constantemente la aprobación de los demás, acaban sufriendo de forma innecesaria. La idea es ser feliz de verdad no aparentarlo para impresionar a nadie.

> Tu objetivo es ser feliz de verdad,
> no aparentarlo ante los demás.

Estamos aquí para aprender de las situaciones que debemos resolver a diario, para trascender nuestros miedos al ir a por nuestros sueños, ser valientes, superarnos a nosotros mismos cada día, en definitiva, para convertirnos en la mejor versión de nosotros mismos. Esta tarea la debemos de hacer desde dentro, centrándonos en nosotros, no en los demás.

Así pues, si queremos detectar las oportunidades que surgen a nuestro alrededor y además queremos que estas nos conduzcan hacía nuestros sueños, debemos de trabajar en nosotros mismos para conseguir una MENTALIDAD correcta, y a la vez una buena ACTITUD ante los retos que las oportunidades inevitablemente nos plantearan.

Otro aspecto primordial que deberemos de cuidar especialmente si deseamos crear una realidad concreta, es **nuestro entorno de relaciones.**

La situación óptima, es la de relacionarnos con personas que nos den alas, que nos animen a seguir nuestro camino, que nos apoyen y que nos hagan sentir bien. Si eso no ocurre, deberemos de analizar la relación que tenemos con cada una de esas personas, para que no afecten negativamente nuestra vida.

Debes de ser consciente de que, para crear la realidad que deseas, necesitas personas a tu alrededor con tu misma vibración o incluso más alta, no al contrario, porque entonces tu nivel vibratorio también bajará y no te sentirás bien, percibirás como esa situación te está estancando, no te está permitiendo avanzar.

Tu entorno de amigos y familiares vibra en la misma frecuencia que lo haces tú.

Puede suceder, que ellos al verte a ti suban también su nivel vibracional. Eso es genial, porque todos elevamos nuestra vibración y en consecuencia todos crecemos. Debes tener en cuenta que, a la hora de crear tu realidad, tu entorno también influirá en la creación, pudiéndolo hacer de forma positiva o negativa.

Por ejemplo, cuando deseas cambiar de trabajo y crear tu propia empresa, dejando un trabajo estable y seguro, pero que no te satisface ni te aporta la abundancia económica que deseas, seguramente, tu entorno te recomiende que no lo hagas, puede que alguien te anime a hacerlo, pero lo más probable es que en su interior esté convencido de que no lo conseguirás.

En ese momento, tú tienes una vibración alta para atraer lo que deseas, pero tu entorno la tiene baja. En este caso, tu entorno no te ayudará a crear la realidad que deseas.

Es decir, si tú únicamente eres quién tiene la vibración en frecuencia alta y el resto la tiene baja, el tipo de frecuencia predominante en ese ambiente será bajo y por tanto lo que atraerás y crearás en tu realidad no será lo que tú deseas precisamente.

Todos somos creadores de nuestra realidad, es decir, la gente que está en nuestro entorno también influye en nuestra realidad por su tipo de vibración, ayudándonos o no a conseguir lo que queremos.

¿Cómo es tu entorno de relaciones más próximo?

Precisas rodearte de gente tolerante que acepte los cambios y sobre todo que te acepte a ti y a tu deseo de emprender nuevas acciones y de realizar cambios en tu vida. Si ese es tu caso, no importa que tus amigos sean de costumbres, lo que importa es que sean tolerantes y te aceptan a ti y a tu nueva forma de ver la vida. Si ese es tu caso, enhorabuena, cuentas con el entorno de relaciones óptimo para crear la realidad que deseas.

Si por el contrario, tu entorno de relaciones está anclado en su propia forma de pensar y de actuar no tolerando ningún tipo de cambio a su alrededor, significa que estás con personas que emiten una frecuencia baja. Este tipo de personas no te ayudarán a crear la realidad que deseas.

Ten muy presente que las persones de éxito son líderes y no seguidores, solo ellos lideran el destino de sus vidas. Ni otras personas, ni ninguna circunstancia, solo ellos.

A menudo hay personas que se aferran tanto a lo que son y a cómo viven, que no aceptan ningún tipo de cambio en sus vidas, siempre trabajan en lo mismo, siempre hacen sus vacaciones en las mismas fechas, siempre se comportan igual, siempre se tiene que hacer todo igual, a como se ha hecho siempre.

Cualquier cambio que les puedas plantear o vean en ti, es una amenaza para ellos, no quieren cambiar, les da miedo, para ellos hacerlo es como caminar hacia el vacío, hacia lo desconocido, tú con tus iniciativas y cambios les estás sacando de sus rutinas, de su zona de confort. Realmente, tú con tu nueva actitud y vibración les estás incomodando.

La vida es un cambio constante, para evolucionar y crecer tienes que cambiar.

No solo debes aceptar el cambio en tu vida, sino que a menudo debes de provocarlo.

En la vida vamos quemando etapas de forma natural, no puedes resistirte a esa evolución, a ese cambio.

Si tú estás abierto al cambio y al crecimiento, pero tu entorno, no lo está, de algún modo, percibirás que ya no encajas con ellos, sus bromas, sus actuaciones, sus comentarios, sus maneras de hacer, te van a parecer obsoletas. Probablemente, no solo serás tú quién percibas que no encajas, sino que ellos también te rechazarán a ti, porque les incomodas, ellos quieren que su entorno, hable, piense y haga como ellos hacen, como siempre se ha hecho y si tú en esos momentos te comportas diferente a ellos, vas a ser la nota discordante. En esos momentos ya sabes que, si quieres que te acepten, tienes que encajar y eso representa no ser tú, eso representa ponerte una máscara, eso representa no evolucionar y representa que tienes que ser valiente para alejarte de ellos y hacer tu vida.

Si decides ser consecuente con tus principios, con lo que dices y lo que haces, sin dejarte llevar por las exigencias y maneras de hacer y pensar de otros, probablemente pierdas a bastantes de las personas que hasta ese momento formaban parte de tu entorno.

Llegados a este punto, puede que en algún momento, sientas que te sabe mal romper la relación, quizás te preguntes porqué motivo, te pasa esto a ti.

¿Te ha ocurrido también a ti, esto alguna vez?

En realidad, la repuesta es fácil, tú decides si quieres continuar estando en tu mismo entorno de relaciones, como lo has estado haciendo hasta ahora, poniéndote una máscara para agradarles, dejando de ser tú y de ir en busca de tus sueños, o si decides, ser tú mismo, sentirte bien, avanzar, conocer a gente que realmente le aporte valor a tu vida, que esté en la misma vibración que tú o incluso superior y que te ayude a alcanzar tus sueños.

 En ese momento, mucha gente prefiere recular y ser aceptado por su entorno de amistades y por su familia, aun sabiendo que no está en el buen camino y que todos ellos en realidad son un freno en su avance.

También puede ocurrir que tengas algún amigo de más confianza, con el que hace tiempo que te relacionas y al cual crees conocer muy bien, puede que aunque durante un tiempo hayáis ido al mismo ritmo y os hayáis entendido a la perfección, llegue un día en el que uno de los dos, sea por el motivo que sea, pegue un acelerón a nivel de mentalidad, de consciencia, de modo que el otro quede atrás, de repente tendréis niveles vibratorios distintos y esa nueva situación deberás de saberla gestionar aunque no te sea fácil.

Es como si estudias una carrera, en esos momentos tú te estás aplicando en los estudios, estás aprobando las asignaturas con nota y avanzando en tu camino, en cambio tu compañero de toda la vida, al que quieres un montón, suspende todas las asignaturas, no por ello debes de seguir su ritmo, si él se siente mal o se incomoda, es él quien tiene que seguirte a ti para avanzar y no al contrario.

En el segundo tomo de la trilogía, te hablaré más extensamente de las relaciones.

Vibraciones iguales se atraen entre sí, para vibrar juntas y crecer.

Ten en cuenta además que, vibraciones diferentes pueden subir o bajar su frecuencia, en función de la vibración de la mayoría.

¿Te ha ocurrido alguna vez, que considerabas a una persona, como tu mejor amigo/a y de repente por la situación más absurda, pasa a ser para ti como alguien desconocido?

Ese amigo/a, a la que le contabas todas tus intimidades y secretos, y que de repente, por la situación más absurda, reacciona de una forma que tú nunca hubieras podido imaginar.

En algunas ocasiones puede haber sido un simple malentendido, pero en otras, por la forma de reaccionar ante una determinada situación, te demuestra que no es un simple malentendido, sino que esa persona no es como tú creías realmente que era, que sus valores y forma de pensar en realidad no tienen nada que ver con los tuyos.

Entonces, es cuando empiezas a percibir que ya no te sientes cómodo/a con esa persona, contándole tus historias, porque sencillamente sabes que no las entenderá, puesto que en realidad ve la vida de forma diferente a como tú la ves.

> Cada persona, en función de sus creencias,
> valores y personalidad
> interpreta de forma diferente el significado
> de una misma situación o acontecimiento.

¿Qué es lo que ha ocurrido?

Probablemente lo que ha ocurrido, es que os habéis encontrado en una situación diferente de la habitual en vuestra relación, en la que cada uno de vosotros habéis reaccionado de forma distinta, según vuestras creencias, valores y personalidad.

Tampoco debemos de "dramatizar" estas situaciones, es decir, en la vida nos vamos encontrando con gente con la que nos relacionamos para aprender los unos de los otros, cuando el aprendizaje ha finalizado, es normal que cada uno continúe su propio camino. Aunque este es un hecho que a menudo nos cuesta vivir con normalidad. Debemos entender que todo tiene un principio y un final, nada es eterno.

Así pues, una vez que has conseguido reorganizar tu entorno a nivel vibracional, remodelando algunas de tus relaciones, distanciándote de algunas otras o rompiendo definitivamente con otras, ya estás en el camino correcto hacia tus objetivos y deseos.

Sin embargo, las relaciones más difíciles de remodelar no son las de tus compañeros de trabajo o las de tus vecinos, sino que serán las que tienes con: tu marido, tu mujer, tu hijo, tu madre, tu abuela, tu hermano, tu hermana… en ese caso, no será nada fácil para ti, ya que, según el nivel vibracional de la otra persona, respecto al tuyo, deberás irremediablemente de reconducir la relación que tienes con él/ella.

Muchas veces no podemos dejar de relacionarnos con esas personas, entonces tendremos que saberlo llevar sin que nos afecte negativamente, sin que baje nuestro nivel vibratorio constantemente cuando nos relacionamos con esa persona. Os hablaré más extensamente de este tema el segundo tomo de la trilogía: " Disfruta hoy de la vida que soñaste ayer".

Vamos a resumir lo que hemos visto:

Todos, sin excepción, podemos tomar las riendas de nuestra vida en cualquier momento y conseguir aquello que nos propongamos. Podremos detectar fácilmente las oportunidades que nos surgen en la vida y así conseguir nuestros objetivos, siempre que tengamos la MENTALIDAD y ACTITUD adecuadas:

1. Esforzándonos en tener pensamientos positivos el máximo tiempo posible.
2. Visualizando aquello que deseamos, lo más real posible.
3. Manteniendo el máximo de tiempo posible nuestras vibraciones altas.
4. Controlando nuestras palabras.
5. Viviendo para nosotros y no para los demás.
6. Remodelando nuestro entorno de relaciones actuales.
7. Relacionándonos con personas que aporten valor a nuestra vida y nos acerquen a nuestros sueños

Si realmente, lo haces y lo haces bien, vas a empezar a sorprenderte por todas las cosas maravillosas que aparecerán en tu vida, de hecho eres tú quien desde tu esfuerzo diario contigo mismo, desde tu interior las estás atrayendo a tu vida, en forma de oportunidades de trabajo, personas increíbles que aportan valor a tu vida, una pareja fantástica, abundancia económica, etc...

Y lo mejor de todo, es que, si realmente lo practicas, en cuanto empieces a tener resultados, tu entorno más próximo te preguntará, qué es lo que estás haciendo, y eso es maravilloso porque esas personas también estarán despertando, o reaccionando, empezarán a creer en sus posibilidades, porque te estarán viendo a ti, y te querrán modelar, por los resultados que estás obteniendo en tu vida.

En esos momentos, te estarás convirtiendo en un líder, la gente se querrá parecer a ti y hacer lo que haces tú, estás llamando su atención por los frutos que estás consiguiendo en tu vida. A la vez, estas personas influirán también en su entorno convirtiéndose en sus líderes y así progresivamente.

Con ello, además de vivir más completo y feliz, aportarás tu granito de arena y tu sabiduría al futuro colectivo de la humanidad.

RECUERDA

1. Cada uno de nosotros venimos a este mundo dotados de ciertos talentos y a la vez de ciertas carencias.

2. Tener una buena APTITUD en la vida es muy importante, pero lo es más tener una buena ACTITUD.

3. Para detectar y aprovechar adecuadamente las OPORTUNIDADES que nos ofrece el Universo, debemos de mantener una MENTALIDAD Y ACTITUD adecuadas.

4. Vive para ti y no para los demás. El objetivo es ser feliz de verdad, no aparentarlo ante los demás.

5. Reorganiza tu entorno de relaciones a nivel vibracional para conseguir tus objetivos.

6. Relaciónate con quién aporte valor a tu vida.

7. La vida es un cambio constante, no te resistas a él.

¡Lo que nos diferencia a la hora de conseguir nuestros objetivos, no son las oportunidades, sino la MENTALIDAD y la ACTITUD de cada uno de nosotros!!!!!!!!!!!!!

16
Aprende del niño que fuiste
Recupéralo.

Piensa, sueña, cree y atrévete
Walt Disney

¿Cómo son los niños en general?

Son inocentes, se ilusionan, tiene fe, creen en sus sueños, tienen capacidad de visualizar, son imaginativos, entusiastas, son capaces de inventarse aventuras increíbles y vivirlas como si fueran reales.

Tienen energía, saben perdonar, no guardan rencores, son sinceros, saben divertirse, se ríen a carcajadas por cualquier motivo, no tienen filtros, son como son y dicen lo que sienten, no intentan impresionar a nadie.

> Todo lo que necesitas para conseguir
> tus objetivos en la vida y ser feliz ya está en ti.

Lo único que tienes que hacer es recuperar a tu niño interior, a ese niño con sus ilusiones y su capacidad de emocionase por cualquier cosa.

A medida que los años van pasando, los adultos nos vamos olvidando de los dones que tenemos de pequeños, nos volvemos más responsables, más serios, es como si nuestra luz interior se fuese apagando.

Sube al desván de tus recuerdos y busca a ese niño que está en tu interior, rescátale. Tienes que poder ilusionarte de nuevo por cualquier cosa, sentir de nuevo esa emoción en tu interior.

En mi caso, el simple hecho de ir de excursión con los compañeros del colegio o ir a los campamentos que se organizaban cada verano con el grupo excursionista, provocaban en mí tal excitación, que la noche anterior me costaba dormir por la ilusión de vivir de nuevo esa aventura con mis compañeros.

Otro momento del que guardo un gran recuerdo de mi infancia, es la noche de Reyes, para mí era una ilusión increíble, una emoción interior indescriptible.

Haz memoria, recuerda en qué momentos te sentiste de este modo y revívelos.

No podemos perder lo mejor de nosotros mismos, por el paso de los años, por hacernos mayores. Si cuando quieres alcanzar un deseo, logras tener de nuevo ese nivel de vibración, tu deseo está asegurado.

Estamos demasiado encasillados en nuestra sociedad, debemos comportarnos como adultos responsables, dar una buena imagen, para ser bien vistos por el resto, las preocupaciones nos invaden constantemente, eso influye en nuestras emociones y en nuestro nivel de frecuencia vibratoria.

Cuando somos niños, la mayor parte del tiempo vibramos en una frecuencia muy alta y en cambio cuando somos mayores, ocurre justo lo contrario.

Vibraciones alta frecuencia= atraes tus deseos.
Vibraciones baja frecuencia = atraes tus temores.

Atraes hacia ti, como si fueras un imán, aquello que está vibrando en la misma frecuencia que lo haces tú.

No se trata de dejar de ser responsables, pero sí de tener en ocasiones, un punto "alocado" o un comportamiento más infantil, básicamente, un comportamiento natural, sin filtros, sin pensar en que opinarán los demás de nosotros y sin que eso nos condicione, un comportamiento en que seas tú mismo, sin máscaras. Un modo de actuar más auténtico, que sale de tu interior y te libera, que, sin dañarte, ni a ti, ni a nadie, te permita divertirte, ilusionarte, hacer cosas diferentes, cosas que hacías de niño, como por ejemplo ir al parque, montarte en las atracciones, ir en bicicleta, ir a jugar a la playa, revolcarte por la arena.

Recupera a ese niño capaz de ilusionarse por una puesta de sol, por un día de playa, por un día de excursión al campo.

Tengo cuarenta y ocho años, pero siempre me he sentido un poco infantil, en el aspecto de ilusionarme mucho por los proyectos que voy a emprender, por alcanzar mis sueños, cuando estoy en ese estado me es muy fácil soñar y visualizar aquello que deseo, me lo imagino una y otra vez y disfruto haciéndolo porque me siento genial, es como si mi sueño ya fuera real.

Realmente, ahora que tengo más conocimientos en la materia, he podido corroborar que, si tienes la capacidad de ilusionarte por cualquier cosa, tienes un don, eres afortunado de ser así de forma innata. Desde siempre he visualizado aquello que deseaba con todo lujo de detalles, disfrutaba haciéndolo, aun sin saber, que el hecho de hacerlo me acercaba más a convertir esa situación en realidad.

En la actualidad, al ver que, a la mayoría de la gente de mi edad, prácticamente todo les da igual, es decir, que no les provoca ninguna emoción especial el hacer algo nuevo o diferente, he llegado a pensar que quizás, lo mío a mi edad ya no era normal, que quizás era cierto que era demasiado infantil, y ese comportamiento a mi edad ya no tocaba.

Ahora me doy cuenta de lo afortunada que soy por ser así, mi capacidad innata de emocionarme por aquello que emprendo, o por cualquier cosa que hago, me ha abierto las puertas del éxito muchas veces, sin yo saberlo.

Cuando aún no era consciente de las leyes universales, creaba mi realidad sin ningún tipo de control, puesto que por una parte era muy entusiasta, creativa e imaginativa, pero por otra, mis pensamientos negativos invadían mi mente constantemente provocando emociones negativas de estrés constante. Aun así, por suerte para mí, las vibraciones de alta frecuencia que he emitido a lo largo de mi vida han sido más creadoras de la realidad que yo deseaba, que las de baja frecuencia.

Eso es debido a que las vibraciones altas acompañadas de emociones positivas se manifiestan más rápido que las de baja frecuencia, las cuales necesitan de más cantidad de pensamientos y emociones negativas para crear realidad.

Así que recupera a ese niño que tienes en tu interior, con su creatividad, sus emociones, su alegría, su positivismo, su ilusión por cualquier cosa y revive esos sentimientos, eso te ayudará a subir tu VIBRACIÓN.

Tómate ahora unos minutos y recuerda esos momentos inolvidables de tu infancia en los que te sentiste realmente feliz.

Te recomiendo escribir siempre que te sea posible, es muy positivo hacerlo en cualquier situación.

Porque de esa forma consigues materializar aquello que tienes en tu interior, puesto que al escribirlo lo conviertes en tangible para ti, de manera que te es mucho más fácil poderlo trabajar.

Así que ahora te propongo un ejercicio muy fácil y sencillo de realizar para ayudarte a conectar de nuevo con el niño que fuiste, sintiendo esas emociones positivas de nuevo en tu cuerpo de adulto.

Anota diez recuerdos felices de tu infancia en los que sentiste esas emociones tan fuertes:

1.

2.

3.

4.

5.

6.

7.

8.

9.

10.

Además de recordarlos, revívelos lo más real que puedas.

Guarda la lista y siempre que necesites subir tu nivel vibracional reléelos y revívelos intensamente.

Si guardas álbumes de fotos de tu niñez, recupéralos y revisa sus fotos, recordarás de nuevo la vivencia y sentirás las emociones que sentías en esos momentos felices.

Es importante no olvidar quienes somos y la esencia interior que todos tenemos, nunca permitas que tu niño interior desaparezca, le necesitas para ser feliz.

Si puedes recordar esos momentos agradables del pasado con tus padres, tus hermanos, tus abuelos, tus amigos, lo reviviréis todos juntos. Si además tenéis películas grabadas de esos años pasados, es genial organizar una reunión familiar y revivir esos días, todos juntos, veréis cuantas risas y buen ambiente encontraréis.

¿Conoces esas muñequitas rusas de madera que están una dentro de la otra?

Las vas abriendo como si fueran una cajita, de dentro sale otra muñeca aún más pequeñita, así hasta cuatro o cinco muñequitas más.

Imagínate que tú eres esa muñeca, necesitas abrirte a ti misma para encontrar a tus muñequitas interiores, porque, aunque tú ya no te acuerdes, ellas están dentro de ti, son tus niñas interiores, que conforme tú has ido creciendo, ellas han quedado escondidas en un segundo o tercer o cuarto plano, con sus vivencias y sus emociones.

No puedes olvidarte de ellas, porque, aunque tú no las veas, están en tu interior, ellas están allí, cuando aparecen nuevos retos en tu vida, ellas influencian en ti por las experiencias que les tocó vivir en su momento.

Así que te aconsejo que las dejes salir y recuerdes las vivencias que compartisteis, que te contagies de esa alegría infinita y de la capacidad de ilusionarte por cualquier cosa.

RECUERDA

1. Recupera tu capacidad de ilusionarte por la cosa más sencilla.

2. Sé entusiasta con todo aquello que emprendas en tu vida.

3. Recuerda vivencias felices de tu niñez y revive las sensaciones que sentías.

4. Eres como un imán que atrae a su vida todo aquello que vibra en su misma frecuencia.

5. Esfuérzate en vibrar, el mayor tiempo posible, en una frecuencia alta.

¡Todo lo que necesitas para ser feliz y conseguir tus deseos, ya está en ti, solo tienes que recuperarlo!!!!!!!!

17

De aprendiz a experto
Practica las leyes universales y conviértete en experto.

Tu incomodidad de hoy, será tu comodidad de mañana
Láin García Calvo

Cuando **controles tus pensamientos**, aplicando la técnica de pivotar rápidamente aquellos que son negativos para convertirlos en positivos.

Cuando **controles tus emociones**, sintiendo emociones positivas la mayor parte del tiempo para sentirte alegre y feliz.

Cuando tu mente *(pensamientos)* y tu cuerpo *(emociones)* avancen al unísono.

Cuando **controles lo que dices a los demás**, y entiendas el poder que tienen tus palabras, y que las palabras son creadoras de realidad igual que lo son tus pensamientos.

Cuando realmente entiendas y creas que *tú y solo tú, eres quien crea la vida que tienes en tu mundo exterior.*

Cuando *pongas todos estos conocimientos en práctica cada día,* en tu vida diaria, sin excepción, superándote a ti mismo, para ser la mejor versión de ti que pueda existir.

Entonces dejarás de ser aprendiz y pasarás a ser experto, eso significará, que tú deliberadamente, crearás la realidad que deseas en tu mundo y esta se manifestará en tu vida como por arte de magia.

Al final, todo, absolutamente todo, es un tema de control mental.

Hay gente, que de forma innata ya tiene estos conocimientos adquiridos, sin necesidad de estudiarlos, ni de leer libros, forman parte de su propia personalidad, los aplican de manera innata para conseguir los resultados que desean. No hay otra forma posible de manifestar lo que deseas en tu vida.

Las leyes universales funcionan sí o sí, si las aplicas correctamente, da igual de dónde obtengas la información.

Es como la ley de la gravedad de Newton, en la que se demuestra que el peso de un objeto es directamente proporcional a su masa y a la gravedad.

Eso quiere decir, que, en función de la masa de un objeto, si lo dejamos caer al suelo, este caerá con más o menos fuerza atraído por la aceleración gravitatoria de la tierra.

Eso, sí o sí, es así siempre y en cualquier situación, no hay excepciones, no puedes dejar caer un objeto con una masa determinada y que este no caiga al suelo, sino que se quede flotando en el aire.

Las leyes, son leyes porque si las aplicas correctamente el resultado que obtienes siempre es el mismo.

Lo único que puede provocar, que los resultados sean distintos a los previstos, es que no se hayan aplicado las leyes correctamente.

Tu objetivo principal es dominar estas leyes, debes de convertirte en otra persona distinta a la que eres ahora mismo, eso lo conseguirás al principio con mucho esfuerzo, porque tienes que controlar tus pensamientos constantemente, pero al final, esa forma de pensar estará automatizada en tu inconsciente, será lo mismo que cuando conduces un vehículo, no tienes que pensar en cómo lo haces para que este avance, lo haces y ya está, porque todos los movimientos que realizas están automatizados en tu interior.

El tener buenos pensamientos, hará que tus emociones sean positivas, que te sientas bien y eso te hará vibrar en la misma frecuencia de todo aquello que es bueno para ti y que quieres tener en tu vida.

Esfuérzate también en sentirte todo el tiempo, no solo bien, sino muy bien, cuanto más mejor, y además sin la necesidad de tener ningún motivo especial para ello, esto también es un entrenamiento.

Cuando consigas tener el control de tu mente y de tus emociones, verás como tu vida cambia, lo que antes te era difícil y costoso, ahora te será fácil. Te sentirás más tranquilo, porque sabrás que puedes crear lo que necesites en cualquier momento, no dependes de nada, ni de nadie.

Esa seguridad en ti mismo te ayudará a que seas más valiente a la hora de plantearte nuevos retos en tu vida y de llevarlos a cabo, retos que hasta ahora solo eran un sueño, porque no te atrevías a hacerlos realidad, como, por ejemplo, crear tu propia empresa, comprar una nueva vivienda, irte a vivir al extranjero, escribir un libro…

Conseguirás sentir una agradable sensación de seguridad, porque sabrás que eres tú el único creador de tu realidad.

Conozco a un chico, que decidió no continuar sus estudios, después de haber realizado el examen de acceso a la universidad, la selectividad, y haberlo aprobado con nota, decidió dejar la comodidad de vivir en casa de sus padres y quedarse estudiando una carrera, como estos deseaban, para marcharse al extranjero, en busca de su sueño, concretamente marchó a la capital del Reino Unido, Londres.

En esos momentos sus conocimientos de inglés eran muy básicos, o casi inexistentes, cogió sus pocos ahorros, una mochila y se fue a probar suerte.

Le gustaba mucho el tema informático y la electrónica. Así que decidió confeccionar su propio currículum, e irse a patear las calles de Londres en busca de trabajo.

Le contrataron en una tienda de móviles e informática para atender a los clientes de la tienda y vender sus productos.

En aquellos momentos, ese chico no tenía prácticamente ni idea de hablar inglés, pero es que, además, no le bastaba solo con saber el idioma a un nivel básico para comunicarse, necesitaba conocer el inglés técnico, para poder informar correctamente a sus clientes de los productos que les ofrecía.

Aun así, decidió aceptar la oferta de trabajo.

Con tiempo, esfuerzo, dedicación y constancia, consiguió ganarse la confianza de su superior, que pronto le promocionó, fue entonces cuando empezó a viajar a otros países, para poder formar a los comerciales de otras tiendas de esa misma marca electrónica.

En la actualidad, le acaban de ofrecer, el trabajo con el que él siempre había soñado, que era trabajar para la empresa líder del sector, la empresa de la "manzana" y no como comercial precisamente, si no como directivo de esta conocida empresa, con todo lo que eso representa a nivel de abundancia económica.

¿Quién *pensáis que ha creado la vida que ahora tiene este chico*?

¿Creéis que ha sido solo, cuestión de "suerte"?

Ha sido él con su ilusión, con sus ganas, con su esfuerzo diario y constante por aprender y superarse, visualizando su sueño, quién ha creado su vida actual, saliendo de su zona de confort para conseguir su sueño. Hubiese sido mucho más cómodo, quedarse viviendo en casa de sus padres e ir a la universidad a estudiar cualquier carrera, pero eso a él no le ilusionaba.

La "suerte" que cada uno consigue en esta vida, cada uno se la busca y además no es gratuita, si no que se consigue a base de esfuerzo, constancia y perseverancia.

Lo que él deseó y visualizó en su pasado, se convirtió en su realidad del futuro.

En su pasado tomó la decisión de seguir sus sueños, a pesar de la resistencia de sus familiares más cercanos, decidió tomar acción masiva, repartiendo currículums por todas las tiendas del sector informático hasta que le ofrecieron un puesto de trabajo. Y todo ello acompañado, de la ilusión constante de ir a por su sueño, a pesar de todos los obstáculos e inconvenientes que eso le representara.

Con su forma de actuar, tenía el éxito asegurado, porque estaba cumpliendo con todas las leyes del universo.

La gente que todavía no cree, que ellos mismos son quienes pueden dirigir su propia vida si así lo desean, cuando ven que otras personas consiguen sus objetivos, solo ven los resultados, pero no ven el esfuerzo que hay detrás.

Se limitan a justificar su actitud y la vida que tienen diciéndose a sí mismos que es cuestión de suerte, que hay quien todo lo tiene muy fácil y quien por el contrario todo lo tiene muy difícil.

No te dejes engañar, todos tenemos oportunidades en esta vida, todos podemos conseguir lo que deseamos. Eso sí pagando un precio, la abundancia y la felicidad no son gratuitas.

No es un tema de suerte, es un tema de si estás dispuesto a pagar el precio o no.

Si estás dispuesto a ponerte incómodo, a pasar por momentos angustiosos, a tener carencias y aun así luchar cada día con la confianza de que lo puedes lograr, lo acabarás consiguiendo: "Quien la sigue la consigue".

Estoy segura, de que este chico del que os hablo no ha leído ni un solo libro de superación personal en su vida, pero él ya tiene esa forma de pensar y de actuar integradas en su ser, está programado para el éxito de manera innata.

Es como cuando te compras un vehículo, en ese momento puedes elegir qué accesorios deseas que tenga, si tienes la suerte de que el vehículo que te gusta está ya disponible en la tienda en ese momento para poderlo adquirir sin esperas y además, lleva los extras de serie instalados, esos extras, serían esa forma de pensar y de actuar innata para conseguir el éxito, entonces genial, pero si no es así, que sepas que puedes pedir que también te incluyan los accesorios que deseas en tu vehículo, eso sí, pagando el precio, necesitarás un poco más de esfuerzo por tu parte para tenerlos, pero eso no es excusa, tú también los puedes tener.

Da igual el motivo por el que apliques las leyes universales, lo importante es que lo hagas y punto. No busques excusas ni justificaciones.

RECUERDA

1. Todo aquel que tiene éxito aplica las leyes Universales.
2. Piensa positivo, siente positivo, visualiza y actúa.
3. Cada uno es responsable de su propia suerte.
4. La vida abundante que deseas tiene un precio.
5. Tu incomodidad de hoy será tu comodidad de mañana.
6. Practica las leyes universales para pasar de aprendiz a experto lo antes posible.

¡Todo aquel que tiene éxito en su vida, de una forma u otra, aplica las leyes universales, no hay otra forma posible!!!!!!!!!!!!

18
Los tres estados evolutivos del conocimiento
Las siete leyes del Universo.

Solo hay una forma de comenzar a construir tu sueño, dejando de hablar y comenzando a hacer
Walt Disney

Veamos ahora, los tres estados evolutivos del conocimiento de forma resumida:

El estado inicial es el victimismo, donde creemos que vivimos a merced de las circunstancias que acontecen en nuestras vidas.

El siguiente estado es el llamado de empoderamiento, donde descubrimos y conocemos las leyes del universo.

Por último, cuando aprendemos a utilizar las leyes correctamente llegamos al estado de rendición.

I. VICTIMISMO

Es el estado inicial, desde el cual todos empezamos nuestro aprendizaje, sería el punto cero en nuestra escala de aprendizaje.

En este punto inicial, creemos que lo que nos ocurre en la vida, no depende de nosotros, que estamos a merced de las circunstancias, y que, por tanto, nosotros no podemos hacer nada para cambiarlas.

En este estado, creemos que lo que vemos y percibimos a través de nuestros sentidos es la realidad, nuestra vida, que no podemos hacer nada para modificarla.

Es como si te miras en un espejo y la imagen que ves de ti no te gusta, rompiendo el espejo, no vas a cambiar la imagen que se refleja, no te vas a gustar más, tienes que cambiar tu propia imagen, para que cuando te mires de nuevo al espejo, esa nueva imagen reflejada sea de tu agrado.

En este estado inicial de conocimiento, creemos solo en aquello que percibimos a través de nuestros cinco sentidos.

Pensamos que, si queremos cambiar nuestra realidad, la única opción que tenemos es romper el espejo, puesto que es lo único que percibimos a través de nuestros sentidos. Por ese motivo, la realidad nunca cambia, porque intentamos encontrar la solución desde el lugar equivocado.

Todavía no sabemos, que para cambiar nuestra realidad exterior, debemos cambiar nosotros desde nuestro interior, cambiar nuestros pensamientos y creencias.

II. EMPODERAMIENTO

En esta fase reconocemos que los pensamientos son cosas, es decir, que lo que uno piensa se manifiesta en su vida.

En esta fase, descubrimos que nuestra realidad exterior, la creamos nosotros mismos con nuestros pensamientos. Descubrimos la verdad, así que lo que percibimos a través de nuestros sentidos, sabemos que es un reflejo de la imagen que nosotros creamos desde nuestro interior, y que si queremos ver otro tipo de imagen reflejada en nuestra vida la tenemos que cambiar nosotros desde dentro.

No nos quedamos con la imagen del reflejo, sabemos que es solo un reflejo, nada más. La imagen de este reflejo, el origen, está en nuestro interior, y solo nosotros tenemos el poder de modificarlo a través de nuestros pensamientos.

Llegados a este punto sabes que hay más, ya no te dejas engañar ni por los sentidos ni por el reflejo.

En esta fase conocerás las siete leyes que rigen nuestro universo, según el libro llamado el Kybalión y la ley de la atracción, dichas leyes se atribuyen a los pensadores de la filosofía hermética.

Las siete leyes que rigen nuestro universo son:

1. El mentalismo

Ya sabemos que debemos trabajar desde nuestro interior, para que los frutos se vean reflejados en el exterior.

Sabemos que los pensamientos son cosas y que lo que tú piensas se manifiesta y se refleja en el espejo y que puedes cambiar esa imagen, cambiando los pensamientos que tienes desde tu interior, puedes cambiar el reflejo de la imagen que ves en el espejo cambiando la imagen desde tu interior, así verás reflejada en el exterior la imagen que realmente deseas ver en tu vida.

2. Correspondencia

Como es arriba es abajo y como es dentro es fuera, como es tu interior (tú mismo) es en tu exterior (tu realidad, tu vida). Lo que tú eres en tu interior es lo que se refleja en tu exterior.

3. Polaridad

Todo en el Universo es dual, tiene su opuesto. Son idénticos en naturaleza, pero diferentes en grado, los extremos se tocan. Lo semejante y lo antagónico son lo mismo, pero uno en cada extremo.

Cuando sentimos que estamos en un polo de forma extrema, debemos intentar ir hacia el otro polo para quedar así en el centro y quedar equilibrados.

Por ejemplo, si te sientes excesivamente desanimado y triste, piensa en alguna situación divertida que hayas vivido, que te hizo reír. De esta forma pasas de tener una emoción negativa, a una emoción positiva, consiguiendo equilibrar tus emociones, para que no se mantengan en ninguno de los dos extremos.

4. Vibración

El Universo y todo lo que hay en él es energía en movimiento, vibrando, aunque veamos los objetos de nuestro alrededor como sólidos, son energía igual que nosotros, la energía vibra.

Las vibraciones similares vibran juntas, se atraen entre sí. Lo semejante atrae a lo semejante.

Si tú tienes pensamientos positivos vibrarás alto, al igual que todo lo que tu desees.

En cambio, sí tus pensamientos son negativos vibrarás bajo, y en consecuencia atraerás a tu vida todo aquello que no deseas, que es lo que tiene también una vibración baja.

5. Ritmo

El Universo está en movimiento constante, aunque nosotros no nos demos cuenta, nada permanece inmóvil.

El cambio forma parte de nosotros y de nuestras vidas, no podemos resistirnos a él, porque si lo hacemos vamos en contra de nuestra propia naturaleza. Ese comportamiento, el hecho de no aceptar el cambio en nuestras vidas nos hace sufrir innecesariamente.

El Universo siempre trata de mantener el equilibrio, se mueve como un péndulo y utiliza las fuerzas equiponderantes para conseguirlo. Por ello, cuando deseamos algo, debemos de mantenernos al margen de los potenciales excesivos, ya que, de no ser así, atraeríamos a nuestra vida, exactamente lo contrario de lo que en realidad deseamos.

6. Causa y efecto o Ley de la atracción

Toda causa, tiene su efecto correspondiente.

Es decir, si los EFECTOS, que tienes en tu vida son de pobreza, enfermedad o desamor, quiere decir que su CAUSA, está en tu interior, está alimentada por creencias negativas, acompañadas de sentimientos negativos referentes a esos aspectos.

Así pues, si quieres cambiar *los efectos,* tienes que cambiar *las causas* correspondientes que los generan desde tu interior.

7.Generación

Cuando se produce la unión completa entre ALMA y MENTE, obtenemos la realidad que deseamos en nuestras vidas, somos creadores conscientes de nuestra realidad, siempre y cuando las fuerzas equiponderantes estén equilibradas y el péndulo no se desestabilice.

III. RENDICIÓN

Cuando ya conoces todos los principios, los entiendes, los crees y los aplicas correctamente, eso quiere decir, que ya conoces las leyes en profundidad a nivel teórico, y que además las has puesto en práctica tantas veces que ya dominas la creación deliberada de tu realidad.

Así pues, permaneces tranquilo porque sabes que quien crea tu realidad eres tú, el futuro ya no lo percibes ni con temor, ni con incertidumbre, sabes que en él habrá todo lo que tú quieres que haya. En este estado estás tranquilo y sosegado, porque conoces y dominas las leyes.

Por ese motivo el péndulo está equilibrado, ya ni contemplas la posibilidad de no obtener aquello que deseas, obtenerlo es algo normal para ti.

Es como, por ejemplo, cuando vas a poner gasolina a tu vehículo, porque el depósito está ya casi vacío. No vas a la gasolinera con miedo a no encontrar combustible. Sabes donde tienes que ir, para conseguir lo que necesitas y además no tienes ningún tipo de dudas de que lo vas a obtener. De hecho, ni tan siquiera te planteas la posibilidad de no poder llenar tu depósito.

**RECUERDA**

1. Las tres fases evolutivas del conocimiento son:

    - Victimismo.
    - Empoderamiento.
    - Rendición.

2. Las siete leyes del Universo según la filosofía hermética son:

    - Mentalismo.
    - Correspondencia.
    - Polaridad.
    - Vibración.
    - Ritmo.
    - Causa y efecto.
    - Generación.

¡Conoce las leyes universales y aprende a aplicarlas desde tu interior!!!!!!!!!!

19
Valora todo lo que tienes en tu vida
Agradécelo constantemente.

Que tu mayor cualidad, sea, el ser agradecido
Esther Sanz

Normalmente, nos centramos más en lo que no tenemos y quisiéramos tener en nuestra vida, que en lo que ya tenemos.

A menudo, a todo aquello que ya tenemos en nuestra vida, le damos poca importancia, porque como ya lo tenemos, pensamos que no lo podemos perder, que siempre estará en nuestra vida.

Estamos muy equivocados, **habitualmente lo que ya tenemos en nuestra vida** es lo más importante, porque si en algún momento lo perdiéramos por el motivo que fuese, sería lo que más quisiéramos volver a tener de nuevo en nuestras vidas.

Sin embargo, cuando lo tenemos, no le prestamos la suficiente atención, no le damos la importancia que en realidad tiene, e incluso lo descuidamos.

La salud es un claro ejemplo, todos conocemos de antemano su importancia, de hecho, es un tópico, típico de citar.

Pero, aun así, en nuestro día a día se nos olvida valorarla, y dejamos de sentirnos afortunados por tenerla, centrándonos únicamente en nuestras preocupaciones y quehaceres diarios.

Al igual que todos los años, hace unos meses, fui a la revisión ginecológica, me hicieron las mismas pruebas que me realizan todos los años, me dijeron que todo estaba correcto, un año más, me fui tan tranquila para mi casa. Al cabo de tres semanas, aproximadamente, recibo una carta certificada de la clínica, donde me habían hecho la revisión.

Me pareció un poco extraño, porque normalmente, los años anteriores, me enviaban los resultados por correo ordinario, informándome de que todo estaba correcto.

En esta ocasión, me indicaban, que las pruebas que me habían realizado en la revisión anual habían salido notablemente alteradas y que debía llamar urgentemente a mi ginecólogo. Este me dijo que tenía que hacerme unas pruebas urgentes, porque podrían haberme detectado una enfermedad grave.

Después de esperar los resultados dos semanas aproximadamente, me dijeron que lo que tenía no era tan grave, que, tomándome una medicación, quedaría resuelto.

Durante esas dos semanas, de espera de los resultados, me llegué a plantear situaciones, que hasta el momento ni se me habían pasado por la cabeza.

De un día para otro mi vida había cambiado, a lo que ayer le daba importancia, hoy ya no se la daba y viceversa.

Lo que más deseé durante esas dos semanas, era estar sana y que todo eso que me estaban diagnosticando los médicos, fuera un error, o simplemente no fuera tan grave como los médicos me habían dicho. Todas las preocupaciones que había tenido el día anterior a la noticia ya no me importaban, de hecho, las tenía igual ayer que hoy, pero para mí, ya no eran importantes.

Finalmente, comprobaron que los resultados de los análisis estaban bien, que todo había sido un error.

Durante dos semanas sufrí la angustia de saber si tenía una enfermedad grave o no, de hecho, era más un SÍ que un NO, porque los resultados estaban alterados y el nombre de "la enfermedad" había dado positivo en los primeros análisis que me habían realizado, realmente, lo único que me estaban analizando la segunda vez, era el grado en el que lo padecía. ¡Por suerte fue un error!!!!

Durante esas semanas, que se me hicieron eternas, mis preocupaciones anteriores ya no me importaban, porque si esos resultados hubiesen sido positivos, mi vida hubiese cambiado radicalmente y mis preocupaciones y prioridades en la vida también. Realmente durante esas dos semanas mi vida continuaba igual que antes, pero yo llegué a creer otra cosa muy distinta.

Con todo esto aprendí, que debemos esforzarnos cada día, en valorar lo que ya tenemos, digo esforzarnos, porque se nos olvida, pensamos más en lo que NO que en lo que Sí tenemos. Y lo que ya tenemos en realidad, en nuestras vidas es un auténtico TESORO.

Os he hablado de este ejemplo concreto referente a la salud, porque justamente, me sucedió a mí, poco antes de empezar a escribir este libro.

Este mismo ejemplo se puede trasladar a muchos otros TESOROS de nuestra vida:

Familia, amigos, estabilidad económica, salud familiar, pareja, trabajo, un hogar…

Solo cuando tenemos un susto o sabemos de algo malo que le ha ocurrido a alguien cercano, valoramos lo que tenemos, el problema es que se nos olvida muy pronto y enseguida volvemos a nuestra rutina diaria de pensamientos y preocupaciones.

Reflexiona ahora sobre esta cuestión:

¿Cuánto darías por tener de nuevo las preocupaciones que tienes hoy, si mañana te diagnosticaran una enfermedad grave a ti o a alguien de tu entorno familiar, a cambio de no padecer esa enfermedad?

Seguro, que, con toda certeza, preferirías tener tus preocupaciones anteriores, en vez de la enfermedad. Además, en ese momento, te harías más consciente de la poca importancia que tienen en realidad la mayoría de tus preocupaciones diarias.

Así pues, **agradece ahora todo lo que tienes** en tu vida siempre que puedas. Hazlo desde tu interior, no hace falta que sea en voz alta, pero hazlo tantas veces como puedas y te acuerdes durante el día.

Eso no quiere decir que nos conformemos con lo que ya tenemos y no debamos desear conseguir mejoras de todo tipo en nuestra vida. De hecho, es nuestra obligación esforzarnos por conseguirlas, pero sin dejar de valorar y agradecer todos los **TESOROS** que ya tenemos en nuestra vida.

Seguro que, si te das un tiempo para reflexionar, podrás enumerar **tus propios TESOROS**.

Te propongo un ejercicio, anota los diez tesoros más importantes que consideras que tienes hoy en tu vida. Después piensa cómo te sentirías si los perdieras por cualquier posible motivo que te venga a la mente.

Guarda la lista de tus tesoros y cuando tengas preocupaciones, reléelos, verás como las preocupaciones se relativizan y ya no te importan tanto.

Te aconsejo que realices los ejercicios que te voy proponiendo a lo largo del libro, puesto que al escribir te haces más consciente. Que no te de pereza y te quedes sin hacerlo.

Ejercicio: *Lista de Tesoros personales:*

1 T ....
2 T ....
3 T ....
4 T ....
5 T ....
6 T ....
7 T ....

8 T ....

9 T ....

10 T ....

A menudo, le damos demasiada importancia a las preocupaciones, a los problemas, cuando en realidad no la tienen.

Además, creemos que tenemos mucho tiempo, tanto nosotros como nuestros seres queridos, cuando en realidad no sabemos de cuánto tiempo disponemos.

El tiempo pasa muy rápido, aunque a menudo nos da la sensación de que los días y los años de nuestra vida todos son iguales, que un día tras otro todo es lo mismo, la misma monotonía.

En realidad, no es así, la vida tiene etapas, que por momentos nos puede parecer que cuando estamos en una de ellas, todos los días son iguales. Pero de repente, te das cuenta de que ya has cambiado de etapa y todo lo que antes hacías, ahora ya has dejado de hacerlo para siempre.

Si no has disfrutado de esa etapa que ya ha finalizado, pensando que nunca acabaría porque siempre era lo mismo, ya no lo podrás hacer porque ya ha acabado y no volverá.

Este ejemplo es muy claro cuando tienes hijos:

Cuando son bebés, los disfrutas mucho, pero a menudo te agobias por el trabajo que dan, en esos momentos parece que cada día es igual, cuando en realidad, a la que te das cuenta esa etapa de tu vida ya se ha ido para siempre.

En realidad, cada segundo, cada minuto de tus días, cuando acaba, se va para no volver, ese día ha sido uno más en tu vida, pero también uno menos.

Si lo has desperdiciado, que sepas, que ya no lo podrás recuperar de nuevo para sacarle un mejor partido.

Disfruta todo lo que puedas de tus padres, porque ellos tampoco son eternos, de tus hijos, tengan la edad que tengan, porque muy pronto dejaran de estar de nuevo en esta etapa para estar en otra, de tu pareja, tampoco sabes el tiempo que tienes para disfrutarla.

En definitiva, vive cada día con la misma intensidad, que, si supieras que es el último, valorando al máximo la suerte de tener todos estos tesoros.

La vida es un viaje que realizamos para aprender, si no nos suceden percances y retos, no aprendemos, no evolucionamos porque no salimos de nuestra zona de confort, nos mantenemos en nuestra rutina y eso no nos permite avanzar. Por tanto, forma parte de la vida el tener retos e imprevistos, el tema es, como los gestionamos. Se dice que la vida es un 10 por ciento lo que te sucede y un 90 por ciento como reaccionas a ello.

No os puedo negar que durante esas dos semanas, en ocasiones aparecían pensamientos negativos en mi mente, pero es cierto, que yo los eliminaba rápido, intentaba solo pensar en la mejor opción, en como quería que finalmente acabara el tema, como si ese fuese el único desenlace posible que existiera. De ese modo mi malestar se reducía, mis emociones eran mejores, así que, haciendo este esfuerzo, de pivotar rápido mis malos pensamientos, para pensar solo en buenos pensamientos, lograba que estos repercutieran en mi estado de ánimo, mis emociones y la vibración que yo emitía al exterior.

Esto es muy importante, porque si en esos momentos, hubiese permitido que mis pensamientos negativos invadiesen mi mente, provocando colapso y miedo constante, mi vibración hubiese bajado al mínimo nivel y lo peligroso es lo que durante esas dos semanas hubiese podido atraer a mi vida.

Todo lo que os digo, en realidad es muy obvio, y todos lo sabemos, el tema, es que demasiado a menudo se nos olvida.

El esfuerzo, consiste en hacer cada día el ejercicio de valorar y agradecer, de una forma real, todo lo que tenemos en nuestra vida en estos momentos, para darle más importancia, podemos incluso pensar que lo podemos perder y cómo nos sentiríamos entonces.

En el instituto de mis hijos, en ocasiones, organizan charlas de concienciación, invitan a personas de su misma edad o parecida, que han sufrido accidentes de motocicleta o de automóvil. Estos chicos tan jóvenes, a su edad, han tenido que crecer rápido a nivel personal forzosamente, para poder soportar su dolor.

Os voy a relatar ahora, uno de estos casos:

En una ocasión, una chica les explicaba como a sus dieciséis años yendo en la moto de su novio, este hizo una maniobra imprudente provocando un accidente en el que ella se quedó paralítica de sus dos piernas. El chico por el contrario solo había sufrido algún rasguño, por lo que, en la actualidad, seguía su vida con otra pareja y con toda normalidad.

La chica les relataba su historia, diciendo que ya no sentía rabia, ni rencor por ese chico, porque esas emociones negativas no eran buenas para ella, de hecho, les decía, que ya le había perdonado. Por otra parte, les comentaba a los chicos, que en estos momentos ella daría todo lo que tenía por poder andar de nuevo y tener una vida normal.

Donde antes le preocupaba el tener unos kilos de más o ser más o menos agraciada físicamente, lo normal a sus dieciséis años, ahora lo daría todo por poder volver a andar, eso es lo único que realmente deseaba, se acordaba de ella misma antes del accidente, cuando daba por hecho que el poder andar, era algo normal y que siempre lo podría hacer.

Piensa ahora, en cuántas personas conoces de tu alrededor, que, aun teniendo sus retos diarios, como todo el mundo, se lamentan constantemente y viven con pena en su corazón, aun teniendo los TESOROS más importantes de la vida consigo.

Sinceramente, me gustaría encontrar la fórmula, para hacer reaccionar de una vez por todas, a esas personas, para que no pierdan ni un segundo más de sus vidas lamentándose, para que dejen de ser víctimas y se hagan responsables de sus vidas, creciendo, siendo felices y valorando sus propios TESOROS, que muchos otros desearían tener en sus vidas y que por desgracia ya no pueden tener.

No esperes a que la vida te sacuda para reaccionar y empezar a vivir plenamente, reacciona por iniciativa propia lo antes posible, el tiempo es ORO.

Si conoces a personas de tu entorno con el mismo perfil que te acabo de contar, ayúdame a llegar a ellas, para poderles tender una mano, intentando que reaccionen y valoren más sus vidas.

Si crees que la lectura de este libro las puede ayudar, regálaselo, recuerda que todo lo que das, lo recibes incrementado en tu vida. Para recibir, tienes que dar.

Así que vayamos cada día en busca de nuestra **ZANAHORIA**, con esfuerzo y constancia, con la ilusión de que la vamos a conseguir, pero sin descuidar, disfrutar y dar gracias también todos los días, por los **TESOROS** que ya tenemos en nuestras vidas, y que tan importantes son en nuestro **VIAJE**.

RECUERDA

1. Que tu mayor virtud, sea valorar lo que tienes en tu vida y ser agradecido.

2. No somos eternos, ni nosotros, ni nuestros seres queridos.

3. El día que acaba, ya no vuelve. Aprovecha el tiempo, es "ORO".

4. Anota en una lista los TESOROS de tu vida. Guárdala y utilízala cuando lo precises.

5. Ayuda a reaccionar a otros que no son conscientes y no valoran sus vidas lo suficiente.

¡Deséalo, ves a por ello, sin descuidar todo lo que ya tienes hoy en tu vida!!!!!!!

20
Personajes famosos que cultivan su interior
El crecimiento óptimo, es siempre de dentro hacia fuera, nunca de fuera hacia dentro.

La felicidad es interior, no exterior, por lo tanto, no depende de lo que tenemos, sino de lo que somos
Pablo Neruda

En este capítulo te muestro citas textuales de personajes conocidos por todos, nos hablan de su experiencia y de su forma de entender la vida, con lo que podrás observar el tipo de mentalidad que han adquirido, para vivir la vida que tienen en estos momentos:

Richard Gere. Actor.

"Supera el enojo con tranquilidad, supera la maldad con bondad, supera la mentira con verdad, el ruido, con el silencio y el odio con el amor".

Steve Jobs. Empresario informático.

"Si hoy fuera el último día de mi vida, ¿Querría hacer lo que voy a hacer hoy?".

Si la respuesta es "NO" por demasiados días seguidos, sé que necesito cambiar algo.

Meryl Streep. Actriz.

"Solo con el tiempo se aprende a ser más como quieres y menos como otros quieren que seas".

Albert Einstein. Científico.

"Locura es hacer la misma cosa una y otra vez, esperando obtener diferentes resultados".

"El que no haya errado ni una vez en la vida, no ha tratado nada nuevo".

Irene Villa. Periodista, escritora y psicóloga.

"Cuantas más cualidades tenga una persona, menos defectos verá en los demás".

Denzel Washington. Actor.

"¿Por qué cerramos los ojos cuando vamos a besar, llorar, soñar o rezar? Porque las cosas más bellas de la vida no son vistas, sino sentidas con el corazón".

"Tu atraes… no solo lo que temes, atraes lo que sientes, atraes lo que eres".

"Atraes lo que está en tu mente".

"Es como la ley de la física. No sé cómo alguien no puede estar de acuerdo con eso".

Alan Wolf Arkin. Actor, músico y director de cine y teatro estadounidense.

"Atraemos la realidad a través de nuestros pensamientos. Pregúntale a cualquier físico, te dirá que es verdad".

Lady Gaga. Cantante.

"Todavía soy muy insegura en muchas formas, pero quiero darles un regalo a mis fans:

Tienes la libertad de sacar la Super-Estrella de dentro tuyo, con la que naciste para ser.

Todos nacimos Super-Estrellas".

Connor McGregor. Luchador irlandés de artes marciales mixtas.

"Cuando las cosas van bien y tu visualizas esas cosas buenas sucediendo, visualizas más cosas buenas sucediendo, así de fácil".

"Lo que no es fácil, es hacerlo, cuando las cosas están yendo mal, y tú igualmente estás visualizando buenas cosas".

"Soñé mucho con esto, tan claro, tan preciso y tan frecuentemente, que se ha manifestado a sí mismo como realidad, que es lo que estoy sintiendo ahora, es un sueño hecho realidad".

Jim Carrey. Actor.

"Comencé a visualizar las cosas que quería, llegándome".

"Yo no tenía nada en ese tiempo, pero eso me hacía sentir bien, me hacía sentir mejor el visualizarlas, tenía que esperar por ellas, estaban ahí fuera…"

"Me escribí un cheque a mí mismo por diez millones de dólares, por servicios de actuación rendidos… y me di a mis mismo tres años para conseguirlo, con fecha plazo el día de Acción de Gracias, lo coloqué en mi cartera y lo mantuve ahí, y se deterioró y se deterioró…

Pero en 1995, justo antes de Acción de Gracias, encontré lo que iba a hacer, la película: "Dos tontos muy tontos" donde me pagaron diez millones de dólares".

"¡La visualización funciona, si trabajas duro!!!!"

Will Smith. Actor.

"Tú solo lo dices… qué va a ser, quién vas a ser, como lo harás. Solo DECIDE y entonces desde ese punto El Universo se va a salir de su camino".

"Es agua. Se quiere mover e ir alrededor de las cosas, para mí, quiero representar POSIBILIDADES, la idea que tu realidad puede hacer lo que tú quieras".

"Las personas de éxito se atreven, fallan todo el tiempo y aprenden de sus errores para continuar progresando".

Dr. Wayne Dyer. Psicólogo y escritor.

"Hay muchas maneras de obtener las cosas que queremos para nosotros en nuestras vidas, pero básicamente, todo comienza en: COMO ELEGIMOS PENSAR, COMO PIENSAS, ASÍ SERÁ".

"Lo que piensas es lo que se expande. Cuando lo sabes, comienzas a tener cuidado con lo que piensas".

Steve Harvey. Actor y comediante estadounidense.

"Lo semejante, atrae a lo semejante como un imán. Tú eres un imán. Lo que sea que seas, es lo que dibujas de ti".

"Si eres negativo, comenzarás a dibujar negatividad, si eres positivo, dibujarás positivo".

"Eres una persona amable, más personas serán amables contigo".

"Eres un imán, si lo ves en tu mente… puedes tomarlo en tu mano".

"La felicidad y la depresión no pueden habitar en el mismo espacio".

"Ríe en cada oportunidad que tengas, suelta una carcajada, incluso cuando no haya nada divertido. Solo ríe".

Bill Gates, Empresario cofundador de Microsoft.

"Si naciste pobre no es tu culpa, pero si mueres pobre eso si es tu culpa".

"Las oportunidades grandes nacen de haber sabido aprovechar las pequeñas".

Nelson Mandela. Ex presidente sudafricano y premio Nobel de la Paz.

"Aprendí que el coraje no era la ausencia de miedo, sino el triunfo sobre él. El valiente, no es quien no siente miedo, sino aquel que conquista ese miedo".

Dalai Lama. Monje tibetano.

"Si queremos morir bien, tenemos que aprender a vivir bien".

Álex Rovira. Escritor.

"Aprendió tanto de sus errores que cuando tropezaba, en lugar de caer volaba".

Alvin Toffler. Escritor.

"Los analfabetos del siglo XXI, no serán aquellos que no sepan leer, ni escribir, sino aquellos que no puedan aprender, desaprender y re-aprender".

Vamos ahora a analizar y a reflexionar sobre algunas de estas ideas:

Jim Carrey, nos dice que se emitió un cheque a sí mismo, en el que anotó una determinada cantidad de dinero, se dio tres años para hacer realidad su sueño y con él conseguir ganar la cantidad de dinero que había escrito en el cheque.

Cuando se extendió el cheque a sí mismo, no sabía ni cómo, ni cuándo iba a percibir ese dinero. De hecho, no sabía con certeza si en algún momento lo percibiría.

Se dedicó a **visualizar** y a **actuar** para encontrar un trabajo, el cual, exactamente al cabo de tres años se hizo realidad y por el que percibió la misma cantidad de dinero que él mismo había anotado en su cheque tres años atrás.

Él mismo experimentó en su propia realidad que la ley de la atracción y la visualización, acompañadas de acción, funcionan de verdad.

Además, durante tres años mantuvo la esperanza, la fe, de que su sueño algún día sería realidad.

La experiencia de Carrey nos demuestra que la clave de la creación consiste en:

1. Tener buenos pensamientos y emociones. (vibrar alto)
2. Visualizar tu deseo conseguido.
3. Actuar.
4. Tener fe de que tu deseo se materializará.

Jim, guardó durante tres años en su cartera el cheque que se había extendido a sí mismo y que se fue deteriorando por el paso de los años, aun así él persistió y confió en que su sueño se haría realidad, insistió sin darse por vencido hasta que su sueño se materializó.

Lejos de desanimarse y de dejar de aplicar las leyes Universales, Jim se mantuvo firme, manteniendo la fe de conseguir su sueño, aun sin tener ninguna prueba evidente a través de sus sentidos de que eso en algún momento iba a ocurrir.

Esa es la clave de la manifestación:

Si durante el primer o segundo año de aplicar las leyes Universales, Jim se hubiese dado por vencido, su sueño jamás se hubiese materializado.

Debes de tener fe y confiar, aunque no exista ninguna prueba física evidente en tu realidad actual que te indique que vas por el camino de conseguir tu objetivo.

Connor McGregor nos dice:

"Cuando las cosas van bien y tú visualizas esas cosas buenas sucediendo, visualizas más cosas buenas sucediendo, así de fácil".

"Lo que no es fácil, es hacerlo, cuando las cosas están yendo mal, y tú igualmente estás visualizando buenas cosas".

Esta es la clave de la cuestión:

Visualizar lo que deseas cuando todo va bien es muy fácil, porque te sientes bien, tus emociones son positivas y te es fácil mantener ese estado, pero cuando tu realidad exterior no es como tú deseas, es cuando tus emociones son negativas porque tus pensamientos también lo son. En esos momentos, es cuando tienes que hacer el esfuerzo de mantener tus emociones positivas, para que tu realidad también lo sea. ¡Eso es lo difícil!

Te hablo de mi ejemplo personal :

Como ya sabes tengo un negocio propio:

Cuando los clientes vienen a mi oficina, demandan mis productos o yo se los ofrezco, por lo que vendo con regularidad, me siento tranquila y por tanto me es muy fácil mantener mis emociones positivas.

El tema está, cuando de pronto un día no viene nadie a la oficina, tampoco te llaman por teléfono y en consecuencia no vendes tus productos. Si eso ocurre un día tras otro, al final tus pensamientos negativos te acaban superando: "Ya no viene nadie a la oficina, no estoy ingresando el suficiente dinero, sin embargo, mis gastos a final de mes van a ser los mismos, si esto continúa así no podré asumir mis gastos" …

Esos pensamientos negativos, comportan emociones negativas: miedo, enfado, desilusión, críticas al gobierno, a tu empresa…

En esos momentos, es en los que tienes que aplicar tus conocimientos, para darle la vuelta a tu realidad. Concéntrate en actuar, en sentir emociones positivas, en llamar a tus clientes para que vengan a verte y poder así ofrecerles tus productos. **No malgastes tu energía** con pensamientos y emociones negativas que te alejan aún más de la solución que deseas.

Haz el esfuerzo de **pivotar tus pensamientos** negativos por otros de positivos, como, por ejemplo: "hoy no he vendido ninguno de mis productos, pero estoy seguro de que mañana será todo un éxito". Al pivotar tus pensamientos de negativos a positivos, tú también te sentirás mejor porque tus emociones serán positivas, en consecuencia, no te estarás dejando llevar por tus sentidos y por la imagen exterior de tu espejo, sabes que hay más, que tienes que cuidar tus pensamientos, mirar en tu interior, si deseas que esa situación cambie en tu exterior.

Si consigues que tu realidad exterior (baja actividad económica) no te deslumbre, actuando adecuadamente y pivotando rápidamente tus pensamientos de negativos a positivos, para así tener emociones positivas y vibrar en una frecuencia alta, conseguirás que tu realidad exterior cambie.

Si permites que tus pensamientos negativos invadan tu mente, te sentirás mal y emitirás emociones negativas que te harán vibrar en una baja frecuencia. Lo que significa que atraerás a tu realidad todo aquello que vibre en tu misma frecuencia, es decir, clientes que no compren tus productos.

Como ya te he dicho en otras ocasiones, en estas situaciones, por extraño que te parezca, miéntete, para sentirte bien y así darle la vuelta a la tortilla, vibrando en positivo y atrayendo a tu realidad clientes que quieran adquirir tus productos.

Nadie ha dicho que sea fácil, y menos cuando ves que los días van pasando, tu economía no mejora y llega final de mes con los gastos correspondientes. Reconozco que a mí también me sucede, es decir, en ocasiones he de realizar un importante esfuerzo para reprogramarme de nuevo correctamente. Ese esfuerzo se debe de realizar constantemente, ya que, aunque cada vez lo dominemos más y en consecuencia nuestra vida mejore sustancialmente, nunca podemos bajar la guardia.

Recuerda qué hizo Jim, perseverar y mantenerse firme durante tres años, no se dio por vencido, hasta que su sueño se materializó en forma de un trabajo por el que le pagaron el mismo importe que él había escrito en su cheque tres años atrás.

Resumiendo:

Cuando tu realidad exterior no sea la que tu deseas, miéntete, dale la vuelta, desde tu interior, controlando tus pensamientos y emociones, si te dejas llevar por la realidad que detectan tus sentidos, te sentirás mal y vibrarás en baja frecuencia.

Deja de preocuparte, no le cuentes tus penas a nadie, recuerda que las palabras son tan creadoras de realidad, como tus pensamientos, ponte música que te guste, baila, ríete, queda con tus amigos, sube tu vibración, mantente así, dale tiempo al Universo para que procese tu petición, no te impacientes, persevera hasta que tu realidad física sea la que tú deseas.

Si tener esa actitud, ese comportamiento te parece extraño y por eso dejas de hacerlo, la lectura del libro y el conocimiento de las leyes universales no habrán servido para nada.

Pregúntate de nuevo a ti mismo:

¿Lo pruebo, a ver qué ocurre?,

Si no funciona tampoco vas a perder nada, te quedarás igual como estabas al inicio, pero por lo menos te habrás llevado esos días de no preocuparte, de reírte, de bailar… En definitiva, de sentirte bien. Solo con eso ya habrás ganado algo.

Vamos ahora a comentar lo que nos dice **Lady Gaga**:

"Todavía soy muy insegura en muchas formas".

Quién podía imaginar que esta diva que actúa ante cientos de miles de personas, aún en la actualidad, se siente insegura en muchos aspectos de su vida. Cuando la ves en el escenario, ante miles de personas observándola, y aplaudiéndola, no te puedes ni llegar a imaginar que esa persona se sienta insegura consigo misma.

Eso nos demuestra que cada uno de nosotros tenemos nuestros propios retos personales, retos que debemos superar para crecer como personas y así conseguir nuestros deseos.

Ella ha descubierto como superar sus defectos o "sus carencias", para convertirse en una super-estrella. Conoce las leyes del Universo, aplicándolas con esfuerzo a su vida, estas la han conducido a lo más alto, aun sintiéndose hoy insegura y sabiendo que su aprendizaje no ha concluido.

RECUERDA

1. Modela a quienes ya tienen en su vida, lo que tú deseas. Si otros lo han conseguido, tú también puedes hacerlo.

2. Tienes todos los conocimientos de las leyes Universales a tu disposición. ¿A qué esperas, para cambiar tu vida?

3. Practica y aplica los principios de las leyes Universales.

4. Decide ser el líder de tu vida. Sigue tu camino.

5. Ten fe, confía, no te impacientes, si aplicas las leyes correctamente, tu realidad exterior cambiará sí o sí.

¡Aprende, modela a los que ya lo tienen, si ellos lo han conseguido, tú también!!!!!!!!!!

21
Guía práctica de los principios del libro
Resumen de los conceptos principales.

La paciencia es amarga, pero su fruto es dulce
Jean-Jacques Rousseau

Cuando empieces a aplicar los conocimientos de este libro en tu día a día, te lo tienes que plantear como una carrera de fondo, no como un sprint.

Primero necesitas tiempo para acomodar todos estos conocimientos en tu mente, es normal, que algún concepto se te escape y lo tenga que repasar de nuevo para asimilarlo definitivamente.

Te recomiendo que tengas el libro a mano, por ejemplo, en la mesita de noche y cada día al acostarte lo repases, subraya las ideas principales que quieras recordar.

Cuando necesites encontrar una respuesta concreta sobre algún tema, coge el libro en tus manos, piensa en la consulta y abre el libro al azar. Lee, entonces, lo que pone justo en las páginas por las que se te ha abierto el libro.

Tienes que tener paciencia contigo mismo, te tienes que dar un tiempo a ti mismo para adaptarte al cambio, así que cuando empieces tu día a día poniendo en práctica los conocimientos, puede que, un día, por cualquier motivo que se cruce, tengas la sensación de que todo tu esfuerzo no sirve para nada y te desanimes. No lo hagas, continúa caminando, vas bien, es normal que en tu camino haya nubes, incluso que llueva y te mojes, pero sabes que tarde o temprano saldrá el sol de nuevo.

Te dejo anotadas las ideas que deben quedar grabadas en tu mente:

1. Tú eres el único creador de tu realidad en tu vida.
2. Revisa a diario tus pensamientos y tus palabras.
3. Domina la técnica de pivotar pensamientos de negativos a positivos.
4. Utiliza tus emociones de guía. Siéntete bien.
5. Escucha a tu alma y descubre que es lo que quieres realmente.
6. Entiende como actúa tu mente, para así controlarla tú a ella y no ella a ti.
7. Enfócate cada día en tus objetivos, prioriza y enfoca.
8. Tu vida de mañana son los pensamientos a los que hoy les prestas tu atención.
9. Las palabras son la expresión de tus pensamientos, por tanto, son tan creadoras de tu realidad como ellos.
10. Aquello que verbalizas se manifiesta en tu realidad. Revisa tus expresiones.
11. Rodéate de personas con vibraciones altas que aporten valor a tu vida.
12. No tengas prejuicios de nada ni de nadie. Es una pérdida de energía.
13. Ve en busca de tus sueños y valora lo que ya tienes en tu vida. Agradécelo.
14. Obsesiónate por conseguir tu objetivo controlando que el péndulo no se desequilibre.
15. Sé valiente, atrévete, ve a por tu objetivo.

16. Tomar decisiones y equivocarse forma parte del juego, de tu crecimiento personal.

17. La felicidad llega al sentir que avanzas en tu camino. No te quedes estancado.

18. Toma acción para conseguir tus sueños. Sé valiente y atrévete.

19. Confía, ten fe. Dale tiempo al Universo para que atraiga a tu vida aquello que deseas. No te impacientes.

20. Sé feliz y disfruta del proceso.

Mantén este libro en tu mesita de noche, para que te sirva de guía en tu día a día.

22
Análisis y reflexión final

Lo importante, es lo importante
Víctor Küppers

Persigue tus sueños, sin olvidarte nunca de lo más preciado que ya tienes en tu vida, ¡hazlo todo a la vez!!!!!
Esther Sanz

Espero de corazón que este libro haya cubierto tus expectativas iniciales, que te haya ayudado a adquirir el conocimiento que esperabas encontrar, que haya podido responder a tus dudas de una forma fácil de entender dando conocimiento y valor a tu vida.

Lo he escrito como si fuera para un amigo, para ayudarte a caminar más cómodamente por el camino de la vida.

Deseo hacer ahora una última reflexión, después de toda la información y consejos que he transmitido en este libro, quiero que te quede una idea muy clara.

"Lo importante, es lo importante".

Es decir, en esta vida siempre deseamos conseguir nuevos objetivos, eso es muy bueno porque nos estimula y nos ayuda a superarnos constantemente a nosotros mismos para alcanzarlos.

Ahora bien, nunca olvides que lo importante de la vida, siempre es lo más importante de todo. Es decir, no te olvides nunca de lo más preciado que ya tienes, por conseguir tus sueños. Es decir, haz ambas cosas a la vez.

¡hazlo todo a la vez!!!

¿Qué quiero decir con esto?

Que lo más importante son:

Tus hijos, tu pareja, tu familia, el cariño, el amor, el pasar buenos momentos reunidos, el disfrutar de la vida cada día, el poder estar juntos.

Recuerda que ahora en el presente esa realidad es así, pero ya sabes que la vida es fugaz y siempre está en continuo movimiento, así que lo que tienes hoy en tu vida, quizás mañana ya no esté.

Ni tu familia ni tú, sois eternos, así pues, disfrútalos ahora, siempre que puedas, que nunca tengas que arrepentirte de lo que podrías haber hecho y no hiciste.

Vive tu presente, disfrutando de lo que te ofrece, crea tu mejor futuro viviendo tu presente con intensidad. Disfruta de todo lo que tienes y das por hecho.

Estás vivo, puedes caminar, ver, correr, saltar, comer, beber, respirar, trabajar, un hogar con todas las comodidades (agua, luz, calefacción), un coche para desplazarte, familia, amigos…

¿Te has dado cuenta de lo afortunado, que ya estás siendo ahora mismo?

Así que, no olvides nunca que, en la vida, tu misión principal, es la de ser feliz e ir a por tus sueños, sin dejar de valorar todo lo que ya tienes en ella.

Cuando surjan nuevos retos, que surgirán, dales la importancia que tienen y no más de la que tienen.

Si por alguna situación te sientes enojado, reflexiona rápido sobre esa emoción negativa, pregúntate: ¿realmente merece la pena?

Recuerda que al final de todo, lo importante es lo importante, todo lo demás no es tan importante, como para que gastes tanta energía en ello.

Un abrazo de todo corazón y hasta pronto.

Esther Sanz

Deséalo HOY Vívelo mañana

Te presento ahora los dos libros que completan la trilogía
"Deséalo hoy, vívelo mañana"

TOMO 2
Disfruta hoy de la vida que soñaste ayer

TOMO 3
Vive como quieras

TE ESPERO...

Continuemos en las redes sociales...

 Esther Sanz

 @esthersanzmension

 Esther Sanz Mensión

Siempre me han apasionado los temas relacionados con el comportamiento humano. Así que me licencié en psicología, me gusta leer y aprender continuamente acerca de estos temas. Aun así, hubo un momento en mi vida, en el que yo misma necesitaba encontrar respuestas, sentía que nada ni nadie de mi entorno me podía ayudar.

Fue entonces cuando me inicié en la lectura de los libros de crecimiento personal, gracias a ellos aprendí lo que nunca nadie me había enseñado, descubrí "las reglas del juego", es decir, las leyes universales.

Todos sin excepción hemos venido a jugar al juego de la vida, pero nadie nos ha enseñado sus reglas, la mayoría de nosotros no sabemos a qué estamos jugando, ni el motivo por el qué lo estamos haciendo, este desconocimiento en muchas ocasiones nos produce dolor. El aprendizaje de estas reglas es imprescindible para obtener ventaja y sacar el mayor partido a nuestra vida.

Cuando me inicié en este aprendizaje, me dije a mí misma, que, si la aplicación de estos conocimientos mejoraba mi calidad de vida, escribiría un libro, para difundirlos y poder así ayudar a todas aquellas personas que en algún momento sientan la necesidad de encontrar respuestas.

Recuerda:

Que todo lo que precisas para crecer y ser feliz ya está en ti.

¡¡¡¡¡¡¡¡¡ **Encuéntralo y sé feliz** !!!!!!!!!

¿Me ayudas a difundir el contenido del libro?

¿Cómo lo puedes hacer?

1. Regalando el libro a aquellas personas que consideres que su lectura les puede ayudar.
2. Haciéndote una foto con el libro y enviándola a: *desealohoy@gmail.com*
3. Si sientes que la lectura del libro te ha ayudado a cambiar algún aspecto tu vida, escríbeme unas líneas contándolo para que otras personas se hagan también conscientes de su poder interior y descubran a su propio duende.
4. Si lo prefieres puedes GRABAR UN VÍDEO con tú móvil de unos 25 ó 30 segundos contando los beneficios que te ha aportado la lectura del libro.

Si deseas adquirir el libro solo me lo tienes que pedir a: *desealohoy@gmail.com*

Laín García Calvo
La voz de tu Alma

Llegados a este punto del libro, quiero hacer mención especial, a mi mentor, Laín, escritor del Best-Seller "La voz de tu Alma".

En estos años últimos años he leído muchos libros de crecimiento personal de diferentes autores, sobre todo autores americanos.

No es fácil entender los contenidos que te quieren mostrar, en muchas ocasiones, la lectura es ardua y muy densa.

Cuando llegó a mis manos "La voz de tu Alma", todo encajó, todo aquello que estaba en mi mente como una nebulosa, de repente tuvo sentido.

Tanto su libro, como sus eventos, me han transformado, han provocado una reacción muy positiva en mí, puesto que, he pasado de ser autodidacta, a convertirme en escritora.

No dejes de leer este libro, te puedo asegurar que es transformador.

Si lo quieres conseguir entra en: ***www.laingarciacalvo.com***

www.ingramcontent.com/pod-product-compliance
Lightning Source LLC
Chambersburg PA
CBHW022007160426
43197CB00007B/310